나는 왠지
떳떳하지 못합니다

USHIROMETASA NO JINRUIGAKU by Keiichiro Matsumura

Copyright ©2017 Keiichiro Matsumura

All rights reserved.

Original Japanese edition published by MISHIMASHA PUBLISHING CO.,

Korean translation copyright © 2018 by HANKWON PUBLISHING CO.,LTD.

This Korean edition published by arrangement with MISHIMASHA PUBLISHING CO.,, Tokyo,

through HonnoKizuna, Inc., Tokyo, and Access Korea Japan

나는 왠지 떳떳하지 못합니다

초판 1쇄 인쇄 2018년 6월 25일
초판 1쇄 발행 2018년 7월 03일

지은이 | 마쓰무라 게이치로
옮긴이 | 최재혁
펴낸이 | 김남중

펴낸곳 | 한권의책
출판등록 | 2011년 11월 2일 제406-251002011000317호
주소 | 경기도 파주시 노을빛로 109-26, 202호
전화 | 031-945-0762
팩스 | 031-946-0762
종이 | 지선사   인쇄·제본 | 현문인쇄

값 16,000원 ISBN 9791185237367 03300

* 잘못된 책은 바꿔드립니다.
* 이 책 내용의 전부 또는 일부를 재사용하려면 반드시
저작권자와 한권의책 양측의 동의를 받아야 합니다.

이 도서의 국립중앙도서관 출판예정도서목록(CIP)은 서지정보유통지원시스템 홈
페이지(http://seoji.nl.go.kr)와 국가자료공동목록시스템(http://www.nl.go.kr/
kolisnet)에서 이용하실 수 있습니다. (CIP제어번호 : CIP2018017933)

나는 왜지 떳떳하지 못합니다

지은이 마쓰무라 게이치로

옮긴이 최재혁

한권의책

여는 글

'이 세상은 왠지 이상하다. 어째선지 갑갑하다.' 이렇게 느끼는 사람이 많으리라고 생각된다. 하지만 어떻게 해야 불합리함을 바꿀수 있을지, 어디서부터 손을 대야 좋을지 전혀 감이 잡히지 않는다. 국가라든가 시장과 같은 거대한 시스템을 그저 바라볼 수밖에 없는 것일까? 나 역시 그런 개운치 않은 마음으로 문화인류학을 계속 공부해온 것 같다.

이 책에서 우리가 살아가는 세계가 어떻게 성립하고 있는지 조감도를 그려가며 지금껏 느껴온 '개운치 않은 찜찜함'과 마주하려 했다. 인류학적 관점을 통해 세계를 새롭게 본다는 것은 어떤 의미일까? 우선 일상적인 에피소드로 이야기를 시작해보자.

교토에서 살았던 무렵, 근처에서 자주 마주쳤던 초로의 남성이 떠오른다. 기타야마 근처에서만 마주쳤기 때문에 '기타야마 아저씨'라고 부르곤 했다. 키가 180센티미터 정도 되는 당당한 체격의 남자였다. 그는 내가 종종 타고 다니던 버스에 사람들과 함께 우르르 올라타거나 내리곤 했다. 근처 슈퍼에서는 매장을 성큼성큼 돌아다니며 반찬거리를 사서는 재빨리 나갔다. 항상 무언가에 쫓기듯 서둘렀다.

기타야마 아저씨는 목욕을 자주 하지 않는 것 같았다. 옷도 잘 빨아 입지 않는 듯했다. 그래서인지 냄새도 조금 났다. 아저씨가 슈퍼에 들어오면 점원들은 서로 마주 보고 눈짓을 하며 곤란하다는 듯 쓴웃음을 지었다. 아저씨는 언제나 혼자였다. 어디서, 어떻게 생활하는지도 알 수 없었다.

어느 날, 늘 가던 슈퍼에서 물건을 사고 있자니 아저씨가 들어왔다. 가게 안을 두리번거리며 둘러보다가 엄청난 기세로 상품 진열대 사이를 돌아다니기 시작했다. 마침 슈퍼 안에는 유모차를 끌고 장을 보던 외국인 가족이 있었다. 아저씨는 부인 앞에서 멈춰서서 갑자기 영어로 말을 걸었다.

"Where are you from?"(어디에서 왔어요?)

"I'm from Canada!"(캐나다요!)

"Oh, Canada! Toronto?"(아, 캐나다! 토론토인가요?)

"No, Vancouver!"(아뇨, 밴쿠버요!)

"Oh, Nice!"(아, 그렇군요!)

아저씨는 미소를 띠며 "Thank you. Bye!"라고 인사하고는, 계산대에서 돈을 치르고 급하게 나갔다. 내가 놀란 것은 아저씨가 영어를 할 수 있어서가 아니었다. 두 명의 대화가 너무나도 자연스러워서 위화감을 전혀 느끼지 못했기 때문이었다. 외국에 가면 "어디서 왔어요?"라며 밝게 말을 거는 아저씨들과 마주치곤 한다. 우리는 그런 사람을 보고 이상하다고 생각하지 않는다.

슈퍼에서 점원들은 아저씨를 보면 항상 자기들끼리 소곤거리며 웃었고, 다른 손님들은 아저씨의 존재를 모르는 척하며 눈길을 돌렸다. 그곳에서 아저씨는 늘 '이상한 사람'이었다. 하지만 그 '이상함'을 만들어낸 것은 아저씨 자신이 아니라 주위에 있는 우리인지도 모른다. 아저씨와 대화를 나눈 후에도 아무렇지 않게 계속 장을 보던 캐나다인 가족을 보면서 그런 생각이 들었다.

정신적으로 아프다는 것은 그 한 사람의 내면에 대한 문제만이 아니다. 어쩌면 우리가 타인을 '정상' 혹은 '이상함'으로 규정하는 일과 깊이 관계된 것은 아닐까?

보통 마음가짐이 인품이나 성격을 만들어낸다고 믿는다. 하지만 주위 사람이 자신을 어떻게 대하는지가, 상대방의 자세나 상대방과 맺는 관계가 자신이라는 존재의 한 측면을 만들어낸다고 생각할 수는 없을까? 그렇게 되면 우리를 둘러싼 세계에 대해 다시 질문할 필요가 있다. 어떤 이가 가진 마음의 병이나 행위의 책임을 그 사람에게만 떠넘겨서는 안 되기 때문이다.

문화인류학의 탐구는 먼저 타자의 곁에 서서 그 사람의 자세를 응시하는 일로부터 시작한다. 그런 관점을 통해 세계의 다른 모습을 상상해보는 탐구 활동인 것이다. 나에게 '타자'는 20년 가까이 관계를 맺어온 에티오피아 사람들이었다.

보통의 세계는 어떻게 성립할까?

에티오피아의 시골 마을을 걷다 보면 자주 이상한 사람과 마주친다. 마음의 병을 앓고 있는지 길거리에서 큰 소리를 지르거나 벌거벗고 돌아다니기도 한다. 외국인은 눈에 잘 띄기 때문인지 그들에게 표적이 되곤 해서, 물건을 집어 던지거나 영문을 알 수 없는 이야기를 계속 늘어놓거나 한다. 무슨 일인지 영문을 알 수 없기에 겁이 나는 경우도 많고, 될 수 있으면 그런 사람들과 얽히고 싶지 않다고 생각했다.

어느 날, 에티오피아 남부에 있는 작은 마을에서 물건을 사고 있자니 말쑥한 차림의 청년이 영어로 말을 걸었다. 생글거리며 유창한 영어로 계속 무언가를 이야기했다. 하지만 무슨 말인지 전혀 이해할 수 없었다. 미소 띤 얼굴도 자세히 보니 어딘가 일그러져

보여서 무엇을 생각하고 있는지 당최 표정을 읽을 수 없었다. 내가 당혹스러워서 그 자리에 선 채로 어쩔 줄 몰라 하는데, 지나가는 사람이 가만히 그의 손을 잡아 "이리 와" 하면서 데리고 갔다. 그 남자는 미소 띤 얼굴로 손을 흔들며 멀어져갔다.

에티오피아의 시골에는 정신적으로 아픈 사람이 입원할 수 있는 의료 시설 같은 것이 없는 탓에 마을에서 '보통 사람'처럼 살아간다. 마을 주민도 그런 사람에 대해 잘 알고 있으며, 때로는 웃음거리로 삼기도 하지만 제대로 된 관계를 맺으며 살아간다.

인류학 현지 조사를 하러 갔던 마을에서도 조금 이상한 행동을 하는 아부도라는 청년이 있었다. 머리에 주황색 띠를 두르고 긴 나뭇가지를 손에 쥐고는 낮은 소리로 중얼거리면서 대뜸 남의 집에 들어가곤 했다. 모두 아부도를 알고 있기 때문에 큰 소리로 "건강하냐?"라고 말을 걸거나, "밥 먹고 가"라며 먹을 것을 내놓곤 했다.

언젠가 아부도가 이웃집에 불을 질러 몽땅 타버리고 말았다. 그래도 처벌받는 법 없이 여전히 마을을 돌아다녔고, 남의 집에서 얻어먹기도 하며 평소와 다름없이 살아갔다. 마을 사람들은 모두 아부도에게 문제가 있다는 사실을 알았고, 관용적인 태도로 그를 대했다.

몇 년 후, 마을 밭에서 추수하는 광경을 구경하게 되었다. 베어낸 옥수수를 자루에 채워 넣는 젊은이들 중에 낯익은 남자가 있었다. 너무도 차분하고 멀쩡한 표정이라 못 알아볼 정도였다. 그는 흘끗 나를 쳐다보다가 겸연쩍다는 듯 눈길을 거두고는 묵묵히 작업을 이어갔다. "혹시 저 사람, 아부도야?"라고 옆에 있던 친구에게 눈짓하며 물어보니 "응, 많이 좋아졌어"라며 미소를 지었다. 아부도는 이웃의 밭일을 도우며 자립하기 시작했다고 한다.

아부도 말고도 정신적으로 온전치 못하거나 잠깐 나아졌다가도 상태가 다시 안 좋아지는 마을 사람은 몇 사람이나 더 있었다. 사람의 마음이란 때때로 이변을 일으킨다. 그때는 그 나름대로 상황에 맞게 이웃으로서 관계를 맺는 방식이 있었다. 에티오피아 사람들은 이런 상황을 일상적으로 경험한다.

물론 쉬운 일은 아니다. 현지 조사를 갔던 마을에서 나와 친하게 지내던 친구도 한때 정신적으로 이상해져서 가족에게 폭력을 휘두르기 시작했다. 난감했던 친척 중 한 명이 철사로 그의 손발을 묶어버렸고, 피가 안 통해서 생긴 울혈 때문에 결국 오른손을 절단해야 했다. 이러한 사정을 마을 사람들은 모두 알고 있었다. 저마다 이런저런 의견을 주고받고, 누구나 그 사건의 당사자로서 살아간다.

우리는 어떨까? 정신이상을 일으킨 사람은 가족이나 병원, 시설에 억지로 떠넘겨져 일상생활에서 관계를 맺을 필요가 없는 장소로 보내진다. 어딘가에서 마주치더라도 '보이지/있지 않는 사람'으로 취급한다. 혹은 그 사람을 어떻게 대하면 좋을지 몰라 쩔쩔맨다.

몇 년 전 오사카의 지하철역에서 마주친 몸집이 조그마한 할머니가 떠오른다. 깔끔하고 단정한 차림새의 그 여성은 붐비는 인파에 등을 돌리고 자그마한 천을 깔고는 혼자 벽을 향해 무릎을 꿇고 앉은 채 꼼짝하지 않았다. 할머니가 사회로부터 고립된 상황은 혼자서 선택한 결과는 아닐 것이다. 그녀의 모습을 곁눈으로 인식하면서도 '상관하지 않는다'는 선택을 했던 나를 포함한 많은 사람들이 하나가 되어 만들어낸 결과다.

그런 식으로 타자와 '관계하지 않음'으로써 '보통의 인간', '보통의 세계'라는 현상이 유지된다. 그러나 그 존재를 믿어 의심치 않는 '보통의 세계'는 실은 바로 곁에 있는 타자에 의해 항상 근본이 뒤흔들린다. 이 책이 목표로 삼는 구축 인류학은 그런 뒤흔들림을 통해 만들어질 또 다른 세계의 모습을 생각하는 것이다.

모든 것은 구축된 것이다

구축주의*라는 사고방식이 있다. 어떤 일도 처음부터 본질적인 성

---

* 일본에서 구축주의라는 용어는 '(Social) Constructionism'을 가리키는데, 사회의 현실이나 현상, 실태 등이 사회 구성원의 의식과 감정, 언어 등의 작용에 의해 만들어지고 제도화, 관습화된다고 보는 사회학적 입장을 뜻한다. 한국에서는 이것을 '사회구성주의'로 번역하며, '구축주의'라는 용어는 주로 러시아 아방가르드 미술 사조를 의미하는 경우가 많다. 그러나 이 책에서는 저자가 제안한 '구축 인류학' 개념과 관련하여 더 명확히 뜻을 전달하기 위해 용어를 그대로 살렸다. 한편, '구축'이라는 용어 역시 다양한 요소가 사회적으로 체계를 이루며 쌓여 만들어진다는 의미를 드러내기 위해 그대로 사용했다. ─ 옮긴이

질을 갖추고 있는 것은 아니며, 여러 가지 작용을 받아 구축된다고 보는 관점이다. 이에 대해 자주 이야기되는 예가 '젠더(gender)'일 것이다. 남성은 태어날 때부터 '남자다움'을 지닌 것이 아니라, 사회의 제도나 관습 등에 의해 남자다움을 익힌다. 따라서 남자다움은 사회적으로 구축된다. 이러한 사고는 인류학뿐만 아니라 사회학을 비롯한 인문사회과학에서는 이미 상식이다.

구축되는 것은 '남성' 혹은 '일본인'과 같은 사회집단의 차원에만 그치지 않는다. 옛날에는 '스트레스'라는 말이 없었다. 그런데 지금은 스트레스라는 단어를 사용하지 않고서는 '좋지 않은 감각과 느낌'을 설명할 길이 없다. 스트레스라는 말이 일반화됨으로써 사람의 감각조차 구축된 셈이다. 어떤 말이나 개념이 계속 존재했다고 믿어 의심치 않는 '현실'조차 만들어낸다. 아동학대와 스토커 역시 예전에는 없던 개념이 생겨남으로써 비로소 사회문제로 구축되었다.

이러한 구축주의의 관점은 기존의 질서나 체제를 비난하는 경우에 무척 유효했다. 이를테면 젠더는 성차별을 비판하고 성적 차별에 뿌리내린 사회제도(혼인제도, 취업 관행 등)에 정당성이 없다고 주장할 때 강력한 무기가 되었다. 구축주의가 비판 이론의 하나로 여겨지는 것도 이 때문이다.

캐나다의 철학자 이언 해킹(Ian Hacking, 1936~)은 많은 구축주의

자들이 사회 현상을 비판하면서 "X의 존재 양상에는 필연성이 없다 →X는 나쁘다 →X를 배제하면 개선된다"라는 식의 구조를 취한다고 지적했다.

이처럼 사회의 여러 현상이 지닌 구축적인 특성을 비판하는 것은 옳은 면이 있다. 하지만 비판 뒤에 어딘지 허무함이 남는다. 남자다움도 일본인다움도, 사회적·역사적으로 구축되어왔다는 것은 사실이며, 새로운 개념이 만들어지면 우리의 감각이나 사물을 보는 관점도 바뀐다는 것 역시 어쩔 수 없는 일이다. 그렇다면 이제 어떻게 하면 좋을까 하는 의문이 떠오른다.

사물의 구축성에 입각하여 상황을 판단한 후에, 무엇을 어떻게 바꾸어나가면 좋을까? 그런 질문으로 이 책을 시작해보고 싶다. 구축주의는 관점을 전환하는 힘을 가지고 있다. 그렇지만 그 핵심은 비판 그 자체에 있지 않다. 가능성은 다른 곳에서 찾을 수 있지 않을까?

지금 여기에 있는 어떤 현상이나 물건이 구축된 것이라고 한다면, 그것을 지금과는 다른 모습으로 다시 만들 수 있다. 희망은 바로 그곳에서 싹튼다. 그런 희망이 구축 인류학의 열쇠가 된다.

지금 사는 세상에 왠지 숨이 막히거나 불편함과 위화감을 느끼는 사람에게 처음부터 주변의 모든 것이 본질적으로 그렇게 결정되어 있다고 한다면, 무엇도 가능하지 않다. 하지만 그것이 구축된 것이라면 다시 구축하는 일도 가능하다.

그렇다면 어떻게 다른 것으로 재구축할 수 있을까? 지금까지 이야기한 구축주의에 입각한 태도, 즉 "모든 것은 구축된 것이다(그러므로 정당성 따위는 없다!)"라는 비판에서 "어디를, 어떻게 하면 재구축할 수 있을까?"라는 질문으로 전환하는 것이 바로 이 책이 목표로 삼는 구축 인류학의 지평이다.

물론 답은 간단하지 않다. 그러므로 한 사람 한 사람이 지금 살아가는 현실을 구축하는 작업에 어떻게 관여하고 있는지 관계의 방식을 더듬어보는 일부터 시작하자. 이러한 작업에 실마리를 줄 수 있는 개념이 사람과 사람이 물건과 행위를 주고받는 '커뮤니케이션'이다.

사람과 사람을 이어주는 증여의 힘

1925년에 발표된 마르셀 모스(Marcel Mauss)의 《증여론》은 인류학의 가능성을 세상에 알린 고전이다. 지금껏 수많은 인류학자가 《증여론》으로 거듭하여 되돌아가 자신의 연구를 심화해왔다.

모스는 먼저 다음과 같은 질문을 던졌다. "미개 사회에서는 어떤 규칙이 선물에 대한 답례를 의무로 만드는가? 선물로 받은 물건에 내재된 어떠한 힘이 받은 사람에게 답례를 하게끔 만드는가?"

오래전부터 많은 사회에서 교환과 계약은 선물의 형태로 행해졌다. 표면적으로는 자유의지에 근거하지만, 실제로는 의무로서 부여되어 답례라는 행위가 이루어졌다. 모스는 이런 의무가 생성되는 데 주목하여 현대까지도 이어지는 도덕과 경제의 관련성을 고려하려 했다. 이 사고에는 자신의 이익을 계산하는 데만 집중하는 세계가 출현하기 시작했다는 시대적 위기감이 담겨 있었다.

모스는 증여가 법이나 경제, 종교나 미학 등 사회 시스템 전체와 관련된 현상이라고 생각했다. 이 책 역시 모스의 기본적인 사고방식을 따르려 한다. 즉, 증여의 행위를 그 정반대의 행위로 여겨지는 '상품 교환'이나 '시장', 정치 제도인 '국가'와의 관계를 통해 살펴보려는 것이다. 타자와 물건이나 행위를 주고받는 일이 사회/세계를 구축하는 작업임을 확인하면서, 주고받는 행위를 어떻게 움직여야 사회(세계)가 바뀔 수 있을지 그 실마리를 찾아보고 싶다.

모스는 증여에는 여러 가지 측면이 있다고 지적했다. 증여는 자애로 가득 찬 행위로만 한정되지 않는다. 답례의 의무를 지우면서도, 갚지 못할 만큼의 선물을 건네어 상대의 명예에 상처를 입히거나 상대를 종속시키는 포틀래치(potlatch)라는 의례도 있다. 그러나 지배나 종속이 이뤄진대도 사람과 사람을 잇는 관계가 생성된다. 이것이 증여의 힘이다.

모스는 "선물이란 주지 않으면 안 되는 것인 동시에 받지 않으면 안 되는 것이며, 그러면서도 받으면 위험해지는 것이다. 주어진 물건 그 자체가 쌍방적 연결을 만들어내기 때문이며, 그 연결은 취소가 불가능하기 때문이다"라고 말한다. 증여는 무서운 행위다. 그렇지만 세상의 균형을 맞추는 데는 이러한 증여의 힘이 필요하다.

세계는 단절되어 있다. "몰라!"라든가 "나와는 관계없어", 혹은 "적이니까" 등등 여러 가지 인식의 벽으로 나뉘어 있다. 이 같은 관계의 단절은 윤리성을 마비시킨다. 그래서 사람을 죽이는 행위도, 사람이 살해당하는 일을 보고도 무심해지는 일도 가능해진다. 그렇기에 타자와 마주하고 그 모습에 스스로를 비춰 보면서 다양한 '이어짐'을 회복할 필요가 있다.

"우리에게 필요한 것은 자기 자신에 대해, 타자에 대해, 그리고 사회적 현실에 대해 '예민한 감각'을 갖추는 일이다." 모스는 이렇게 말했다. 하지만 어떻게 해야 예민한 감각을 지닐 수 있을까? 그 감각은 증여와 어떤 관계를 맺고 있을까? 이 책이 제기하는 질문 중 하나다.

모스는 자신의 시대를 이렇게 진단했다. "우리의 생활은 아직 증여와 의무와 자유가 서로 뒤섞인 상황에 머물러 있다. 물건에는 정서적인 가치가 담겨 있기에 단순히 화폐로 환산되는 가치만 있을

리는 없다." 이 시대를 살아가는 우리 역시 다르지 않을 것이다.

글로벌 시장이 장악한 듯 보이는 세계에서도 증여가 가진 이어주는 힘은 사라지지 않았다. 이 힘은 '이어짐'을 잃게 만들려는 또 다른 힘과 대립하면서 우리의 세계를 만들어내고 있다.

그러나 매우 다양한 것이 심하게 얽혀 있는 듯하다. 너무나 복잡하고, 어디서부터 손을 대야 좋을지 알 수 없다. 우선 모스의 말을 가슴에 새겨두고, 뒤엉킨 실타래를 하나하나 풀어보자.

차례

선물은 상품 교환이 아니다
상품 교환과 증여를 구별하는 규칙
구걸하는 사람에게 돈을 주어야 할까?
교환 방식은 공감을 억누른다
공감은 세계의 응어리를 풀어내는 힘이 있다
에티오피아 일기1

CHAPTER 1

경제

상품일까? 선물일까?

'경제'라는 말을 들으면 어떤 생각이 떠오르는가? 편의점에서 돈을 내고 초콜릿을 사는 일은 분명 경제활동으로 생각할 수 있다. 그렇다면 밸런타인데이에 초콜릿을 좋아하는 사람에게 주는 일은 경제활동에 포함될까? 보통 초콜릿을 선물하는 행위는 경제와는 다른 영역에 속한다고 여긴다. 초콜릿이라는 물건이 사람과 사람 사이를 오가는 똑같은 상황인데도, 한쪽에는 '경제라는 감각'이 끼어들어 있고 다른 한쪽에는 '경제라는 감각'이 느껴지지 않는다. 경제라는 현실을 만들어내는 것은 과연 무엇일까? 이 장에서는 사소한 일상적 행위로 현실을 만들어가는 상황을 경제라는 사례를 통해 확인해보자.

선물은 상품 교환이 아니다

가게에서 상품을 구입할 때는 금전과 물건의 교환이 이루어진다. 그렇지만 밸런타인데이에 초콜릿을 선물할 때는 대가가 지불되지 않는다. 좋아하는 사람에게 어렵사리 마음을 먹고 "받아줄래요?"라며 초콜릿을 건넸을 때, 상대방이 "어! 얼마 주고 샀어?"라며 지갑에서 돈을 꺼낸다면 너무나도 굴욕스러울 것이다.

선물을 받는 측도 그 상황에서는 대가를 지불하지 않고 그냥 받아야 한다. 초콜릿을 '건네고/받는' 행위는 증여이지, 매매와 같은 상품 교환이 아니다. 그러므로 경제라고 생각할 수 없다.

그렇다면 화이트데이에 사탕으로 갚으면 '교환'이라고 말할 수 있을까? 이 행위 역시 증여에 대한 '답례'라고는 할 수 있지만, 상품 교환과는 구별된다. 설령 같은 가격의 물건을 주고받는다고 해도 매매와는 다르다.

상품 교환과 증여를 구별하는 것은 무엇일까? 프랑스의 사회학자 피에르 부르디외(Pierre Bourdieu)는 그러한 구별을 만들어내는 것이 물건의 주고받음 사이에 끼여 있는 '시간'이라고 지적했다.

예를 들면 초콜릿을 받자마자 상대방에게 사탕으로 되돌려준다면, 이는 등가의 물건을 거래하는 경제적인 교환이 된다. 그런데 초콜릿 가격에 해당하는 사탕을 한 달 후에 돌려준다고 하면, 그 행위는 상품 교환이 아니다. 즉, 답례라고 하는 증여의 일부로 볼 수 있다. 이때 주고받은 물건의 '등가성'은 가려지고, 교환의 성격도 사라진다.

상품 교환과 증여를 구분하는 것은 시간만이 아니다. 선물을 하기 위해 가게에서 초콜릿을 구입했는데 초콜릿에 가격표가 붙어 있다면 반드시 떼어낼 것이다. 게다가 초콜릿 상자에 리본을 묶거나 어울리는 포장을 해서 '선물다움'을 연출할 것이다.

가게 진열대 위에 가격표가 붙은 채로 놓인 초콜릿은 고객에게 주는 선물도, 가게 내부를 꾸미는 장식품도 아닌, 돈을 내고 사야 하는 상품이다. 그렇기 때문에 그 상품을 구입해서 선물로 다른 사람에게 건네줄 때는 '상품다움'을 깨끗이 없앤 후 '선물'로 꾸며내야 한다.

왜 그런 일을 할 필요가 있을까?

첫 번째 이유는 '상품/경제'와 '선물/비경제'를 제대로 구별해야 한다는 규칙에 우리가 무척이나 충실하기 때문이다. 이러한 구별을 통해 이 세계에 존재하는 현실성이 형태를 갖추게 된다고 할 수 있다.

또한 상품다움을 없애고 선물로 보이게끔 하는 일은 초콜릿을 사는 행위와 선물로 주는 행위를 일정한 외적 표시(시간 차, 가격표, 리본, 포장)로만 구별할 수 있다는 사실을 나타내기도 한다.

예컨대 밸런타인데이에 편의점 비닐 봉투에 아무렇게나 넣은 시판 초콜릿을 받는다면 어떤 의미가 담겨 있는지 알 수 없어서 곤혹스러워질 것이다. 하지만 같은 초콜릿이라도 예쁜 포장에 리본까지 묶어서 마음을 담은 쪽지와 함께 전한다면, 내용물은 같더라도 의미는 완전히 달라진다. 표면적인 '표식'의 다름이 분명한 차이를 만들어낸다.

이렇듯 사람과 사람 사이에 초콜릿을 주고받는 일조차도 어쩐지 구별하기 까다로운 행위라고 느낀다. 그러므로 일부러 '상품다움'이나 '선물다움'을 연출하는 셈이다.

우리는 타인과 물질을 주고받을 때마다, 매번 경제적인 행위로 만들거나 경제와는 관계없는 일로 보이려 한다. '경제화=상품답게 만드는 일'은 '탈경제화=선물답게 만드는 일'과의 대비에 의해 실현된다. 이렇게 함으로써 매일같이 모두가 '경제/비경제'를 구별하는 규칙을 지키고 있다.

그런데 왜 그런 규칙이 필요한 걸까?

상품 교환과 증여를 구별하는 규칙

우리는 다양한 것을 타인과 주고받는다. 말이나 표정까지 포함한다면 항상 무언가를 주고받으며 살아간다고 할 수 있다. 이러한 주고받음에는 '상품 교환'과 '증여'를 구별하는 '규칙'이 있다.

한 가지 주의해야 할 점은 주고받음에 돈이 끼어든다고 해서 상품 교환인 것은 아니라는 사실이다. 결혼식 축의금이나 조의금, 세뱃돈 등을 떠올리면 쉽게 알 수 있다. 돈이라도 특별한 '연출'(부조용 봉투, 새 돈, 돈을 싸는 비단, 서명 등)을 하면 선물이 된다. 이를테면 결혼식 접수처 앞에서 돈을 지갑에서 꺼내서 건네주는 사람은 없다.

왜 군이 그런 규칙을 지킬까? 실은 규칙을 통해, 두 종류의 주고받음 중에 하나는 '무언가'를 덧붙이고 다른 하나는 '무언가'를 제거하기 때문이다. 이를 '마음' 혹은 '감정'이라고 해도 될 것이다.

선물로서의 축의금은 돈을 봉투에 넣음으로써 비로소 '축복'이라는 생각을 담을 수 있다고 믿는다. 경제적인 교환의 장에서는 그러한 생각이나 감정은 없는 것으로 여겨져 제외된다. 맥도날드 점원의 미소가 결코 자신을 향한 호의는 아니라는 사실을 누구나 안다. 이렇듯 경제와 비경제의 구별은 물건의 주고받음에 마음과 감정을 부가하거나 제거하기 위한 장치인 셈이다.

계산대에서 돈을 건네고 상품을 받는 행위에는 어떤 마음도 담겨 있지 않다. 모두 그렇게 생각함으로써, 결혼식에서 (봉투에 돈을 넣는다는) '연출'이 이루어진 돈의 주고받음은 특정한 마음과 감정을 표현하는 행위가 된다.

빛을 느끼기 위해서는 어둠이 필요하듯, 어느 한쪽이 없이는 다른 쪽은 존재할 수 없다. 경제의 교환이라는 탈감정화된 영역이 있기에 비로소 증여에 담긴 감정을 두드러지게 드러낼 수 있다. 그러므로 밸런타인데이 초콜릿으로 마음을 전하려면 상품이 아닌 선물로 느껴지게끔 해야 한다.

이런 구별이 사람과 사람의 관계에 의미를 부여하는 역할을 담당한다. 예컨대 '가족'이라는 영역은 무엇보다 '비경제/증여'의 관계로 유지된다. 가족 사이의 물건 교환은 점원과 손님의 경제적인 교환과는 전혀 다르다. 누구든 그렇게 믿는다. 계산대에서 돈을 지불한 후 상품을 건네받고서 울거나 웃으며 기뻐하는 사람은 없다. 그렇지만 일상에서 생각지도 못하게 남편이나 아이로부터 감사한 마음을 담은 선물을 받은 여성이 감격의 눈물을 흘린다면 전혀 이상하지 않다. 이런 상황에서는 여성의 가사나 육아를 경제적인 '노동'으로 보거나, 주어진 선물을 그 노동의 '대가'로 간주하지 않는다. 그렇게 본다면 계산대에서 물건을 주고받는 것과 다를 바가 없기 때문이다.

어머니가 아이에게 요리를 만들어주거나 아이가 어버이날에 카네이션을 달아주는 행위는 아이를 향한 애정이나 부모에 대한 감사의 마음이 드러난 것으로 여긴다. 어머니가 음식을 해줬다고 해서 아이가 (음식 값을) 계산하는 행위는 일반적인 상식으로는 있을 수 없는 일이다. 그런 가족이 있다면 그 행위만으로도 '사랑 없는 가족'이라며 비난받는다.

육아란 대가를 바라지 않는 애정이며, 가족끼리 주고받는 선물 역시 일상의 노동에 대한 보수가 아니라 마음에서 우러나온 사랑과 감사의 표시다. 가게에서 물건을 사는 행위와는 전혀 다르다. 그 물건이 몇 시간 전까지만 해도 상품 진열대에 놓여 있었다고 해도 말이다.

가족 사이의 주고받음은 철저하게 탈경제화된 행위이며, 애정에 의해 결합된 관계가 강조되면서 가족이라는 현실을 만들어낸다(물론 어떤 경위를 거쳐 '어머니'가 탈경제화된 영역에 놓이는 존재가 되었는지는 의문이다).

가족이라는 관계라도 처음부터 사랑으로 가득한 것은 아니다. 가족 관계는 탈감정화된 '경제=교환'과의 대비를 통해 (어떻게든) 실현된다. 가족이건 연인이건 친구건 간에 사람과 사람 사이의 관계가 만들어내는 거리나 본질은 물건의 주고받음을 둘러싸고 형성된 경제와 비경제라는 구별을 실마리로 삼아 우리 모두가 만들어가고 있는 셈이다.

그러나 규칙에 묶여서 꼼짝달싹하지 못한다면 사회를 움직이고 변화시키는 일 역시 불가능하다. 구축 인류학이 어떠한 시점을 통해 그 규칙을 피할 수 있는지 에티오피아의 사례를 통해 생각해보자.

구걸하는 사람에게 돈을 주어야 할까?

에티오피아를 방문한 외국 사람들은 처음에는 구걸하는 이가 많다는 점에 당황한다. 교차로에서 차가 멈추면 아기를 안은 여성이나 팔다리에 장애가 있는 사람들이 달려든다. 생기 없는 얼굴로 빤히 쳐다보며 손을 내밀면 어떻게 해야 좋을지 몰라 당혹스럽다.

'우리들'과 '그들' 사이에는 메울 수 없는 격차가 있다. 그렇다고 구걸하는 사람 모두에게 돈을 줄 수도 없다. 도대체 어떻게 해야 할까? 개발도상국을 방문하는 여행자라면 느끼는 갈등인지도 모른다.

나 역시 수도인 아디스아바바(Addis Ababa)에 있을 때, 거리를 지나칠 때마다 그런 딜레마에 빠져 고민스러웠다. 싼 숙소가 있는 피아사(Piaza)라는 지역에 갔을 때는 맨발의 아이들이 "머니, 머니!"라고 소리를 지르며 계속 쫓아왔다. 나는 언제나 주머니에 껌을 넣어두기로 했다. 그래서 아이들이 졸라대면 껌을 건넸다. 배낭을 멘 서양인이 가방에서 빵을 꺼내 나눠주는 모습을 본 적도 있다.

많은 이들은 이런 상황에서 돈을 건네주는 데 익숙지 않다. 껌이나 빵을 줄 수는 있어도 돈을 주는 일에는 거부감을 느끼곤 한다. 껌이 더 비싸더라도 일부러 껌을 사서 나눠주는 쪽을 택하기도 한다.

그 이유는 우리가 '경제/비경제'라는 규칙에 충실하기 때문이기도 하다. 이 규칙에는 두 가지 의미가 있다.

하나는 돈을 주고받는 행위를 부도덕하다고 느낀다는 뜻이다. 특별하게 연출되지 않은 '돈'은 '경제'의 영역이기에 인정미가 담긴 마음이나 감정이 결여되어 있다. 그러므로 남에게 무언가를 준다면 돈이 아니라 선물이어야 한다고 여긴다. 다만 증여는 타자와의 관계에서 생기는 마음과 감정까지 떠안는다는 의미이기도 하다. 따라서 증여는 매매에 비하면 왠지 성가시다. 예컨대 아이에게는 껌이라도 괜찮지만 어른은 그렇지 않다. 선물은 상대가 바라는 것을 주어야 한다. 잘못 주면 오히려 상대를 기분 나쁘게 만들수도 있다. 그러므로 증여는 어려운 일이다.

또 하나는 돈이 대가로서의 '교환'을 떠올리게 한다는 의미다. 구걸은 일하는 행위도, 무언가를 대신하는 행위도 아니다. 그러면 그들에게 돈을 지불할 이유가 없다는 말이 된다. 말하자면 교환이라는 과정에서 돈이란 '취할 이익'의 대가로 사용되어야 한다. 교환은 수지와 타산을 정확히 맞춰야 한다. 간단히 돈을 줄 수는 없다는 뜻이다. 그러므로 대다수는 구걸하는 행위와 마주하면 '아무것도 주지 않는' 편을 택한다.

아디스아바바에 가면 자주 머무는 올림피아의 길거리에도 단골로 구걸하는 사람이 몇 있다. 큰길을 따라 건물이 늘어서 있고 화려한 가게도 많은 지역이다. 사람들이 지나가는 길에서 할머니 한 명이 종종 구걸을 한다. 거무스름한 얼굴에 깊게 팬 주름을 보면 나이가 꽤 많은 것 같다. 다리와 허리에 힘이 없어서 아주 천천히 걷는다. 그래서 인도 가운데 우두커니 선 채로 길을 가는 사람에게 불쑥 손을 내밀어 돈을 달라고 조른다.

걷고 있던 사람 입장에서는 팔이나 가슴께를 갑작스레 툭 맞는 꼴이 된다. 한 젊은 남성은 짜증이 난다는 듯 쏘아보기도 한다. 그렇지만 대부분은 노파의 모습을 마주하면 어쩔 수 없다는 표정으로 주머니에서 동전을 꺼내 손에 쥐어준다. 할머니는 말도 없이 돈을 받고서 또 다음 사람에게 손을 내민다. 지금까지 이 할머니가 구걸에 실패한 것을 본 적이 거의 없다.

에티오피아 사람들은 구걸하는 사람에게 돈을 잘 준다. 분명 외국인이 더 풍요로울 텐데 그다지 넉넉지도 않은 에티오피아 사람이 더 많이 적선을 한다. 그 모습을 보고 문득 깨달았다. 우리는 얼마나 교환 방식에 얽매여 있는 걸까?

지금 우리 사회에서는 상품 교환이 폭을 넓혀가고 있다. 다양한 물건이나 물질의 주고받음이 점차 교환 방식으로 편입된다. 교환 방식은 귀찮고 까다로운 증여를 피하고 자신만의 이익을 확보할 수 있게 한다. 성가시게 마음이나 감정에 휘둘리는 일도 없다.

그러나 이러한 교환은 인간의 중요한 능력을 덮고 감춰버린다.

교환 방식은 공감을 억누른다

우리는 타자와 대면할 때 어떤 식으로든 마음을 품는다. 무의식중에 타자의 감정이나 욕망에 자신의 마음을 공명시킨다. 울고 있는 아기를 보면 어쩐지 슬퍼지거나 걱정스러워져서 뭐라도 해줘야겠다는 생각이 든다. 누가 선반 모서리에 새끼발가락이라도 찧으면 그 '아픔'이 남의 일로 여겨지지 않는다. 무심결에 "아야!"라는 소리가 터져 나온다. 이런 '공감'이 커뮤니케이션을 가능하게 하는 기반이기도 하다.

몸이 약한 할머니가 무언가를 바라며 손을 내미는 모습을 눈앞에 두고 아무 감정도 느끼지 않는 사람은 없을 것이다. 하지만 교환 방식은 공감을 억누르는 힘이 있다.

구걸하는 할머니가 사람들에게 동전을 받는 것은 돈을 상품과 교환할 필요가 있기 때문이다. 아무리 가난한 할머니라도 슈퍼에 가서 물건을 공짜로 받을 수는 없다. 상품 교환의 장에서는 할머니가 가난해 보인다거나, 나이가 많다거나, 몸이 약하고 아프다는 식의 공감을 불러일으키는 정보는 쓸데없는 것으로 여겨져 제거된다. 상품 교환의 현장에서는 누구라도 투명한 존재가 되어 감정이나 마음 없이 교환해야 한다. 이는 에티오피아에서도 마찬가지다.

그러나 많은 사람들이 길모퉁이에서 구걸하는 노파를 볼 때도 점차 이러한 교환 방식을 발동시키곤 한다. 공감을 불러오는 표정이나 몸짓이 보이지 않는 것처럼 행동한다. '기타야마 아저씨'를 향한 슈퍼의 손님과 점원의 태도 역시 마찬가지다.

동시에 이는 선진국에서 태어났다는 이유로 그들보다 풍요로운 생활을 하고 있다는 '떳떳치 못함'이라는 감정을 은폐한다. 그리고 구걸하는 사람에게 아무것도 주지 않는 행위를 정당화한다. 교환 방식에서는 물건을 받지 않는 한 공짜로 줄 이유가 없기 때문이다. 그러므로 마음에서 샘솟는 감정에 따를 필요와 의무가 없다.

"모두에게 돈을 줄 필요는 없다"고 생각할지도 모른다. 하지만 금액이 문제가 아니다. 길에서 만난 걸인에게 에티오피아 돈으로 1비르(약 50원)를 건넨다고 한들 그렇게 큰 액수는 아니다. 그들은 그 정도의 돈이라도 "신의 가호가 함께하기를", "복 받으실 거예요"라고 말하며 기꺼이 받는다.

하지만 교환 방식은 마음에 싹트는 공감을 억압하며, 번거로운 증여와 대면하지 않고 불완전한 교환을 회피하기 위한 편법이 되기도 한다. 그리고 '교환 방식의 규칙'을 따르는 것은 나쁘지 않다며 정당화한다.

혹은 "돈을 주는 것이 진정으로 그들을 위하는 방법은 아니다"라고 말할지도 모른다. 이 역시 정당화에 지나지 않는다. 그것은 처음부터 주는 쪽이 결정할 문제가 아니기 때문이다. 다양한 구실을 대면서 처음 대면했을 때 느낀 '도움을 주어야겠다'라는 공감을 억압하는 것뿐이다. 이러한 공감과 억압은 '구축'을 고려하는 핵심이 된다.

공감은 세계의 응어리를 풀어내는 힘이 있다

에티오피아 사람의 행위를 보면 그들이 공감에 마음을 열고 있다는 사실을 알 수 있다. 어떻게든 "나누어주지 않으면 안 된다"라는 종교적 의무감이 강해서가 아니다. 구걸하는 모습을 보고 솟아난 감정에 충실히 따를 뿐이다. 따라서 상대에게 공감하지 않는다면 그들이라고 돈을 줄 리 없다. 걸인을 태만한 자라고 비난하는 사람도 많다. 그렇지만 그런 사람들도 길에서 노파가 손을 내밀면 돈을 주지 않을 수 없다. 노파는 "저기, 나 좀 봐주세요"라고 말하며 불쑥 손을 내밀고 있는 셈이기 때문이다. 에티오피아 사람들은 그런 저항하기 어려운 분위기에 몸을 맡긴다.

아쉽게도 이러한 분위기는 공감을 억압하는 사람에게는 통하지 않는다. 교환 방식은 이런 상황에서 일어나는 마음이나 감정을 '없었던 것'으로 만든다. 실제로 이 시대를 살아가는 많은 사람이 그런 상황에 익숙해져 있다.

가게에서 상품을 사는 교환의 경우에도, 점원과 물건을 주고받으며 마음이나 감정이 생기지 않는 것은 아니다. 다만 이런 상황에서 '빠져' 있다. 즉, 문득 솟아나는 다양한 마음과 감정은 교환 방식을 거치며 부적절한 것으로 처리되어 처음부터 '없었던 것'이 된다. 그런데 이러한 '처리'는 때때로 오작동을 일으킨다.

맥도날드 점원이 보내는 미소를 호의라고 착각하는 경우도 있다. 편의점에서 아르바이트를 하는 학생에게 들은 바로는, 계산대의 여성 점원에게 고백하는 남자 손님이 적지 않다고 한다. 이는 오히려 당연한 일처럼 보인다. 상품 교환의 장에서도 때로는 억압을 용케 피해 마음과 감정이 흘러나오는 일이 있기 때문이다. 바로 이 지점에 사회를 재구축할 수 있는 열쇠가 있다. 다른 행위가 가능해지는 여지가 보이기 시작하는 셈이다.

한편 구걸하는 사람에게 저항감을 느끼지 않고 돈을 나눠주는 에티오피아 사람의 모습을 보고 왜 돈을 주는 일에 주저하는지 자문할 수 있다. 타자의 행위를 보고 자기 자신이 묶여 있던 규칙의 기묘함을 깨달을 수도 있다. 남의 행위를 보고 나를 의심한다. 바로 인류학이 가진 감각이다. 이는 앞서 모스가 말한 예민한 감각과 연결되는지도 모른다.

신체는 경제와 비경제라는 규칙에 속박되어 있다. 그렇지만 일탈의 가능성도 늘 열려 있다. 구축 인류학은 이런 틈에 초점을 맞추고, 앞으로 가능한 다른 모습의 세계를 구상한다. 그것은 내면의 타자를 깨닫는 일이기도 하다.

최근에는 나도 에티오피아에 가면 주머니에 있는 동전을 준다. 그래서 물건을 살 때 될 수 있으면 잔돈을 남겨두려고 한다. 나 자신이 그들보다 부당하게 부유하다는 '떳떳치 못함'을 느낀다. 그들로부터 여러 가지 것을 받았다는 마음도 든다. 그런 떳떳치 못한 느낌에 가능하면 고분고분 따르려 한다.

'가난한 사람들을 위해서'라든가, '도와주고 싶다'라는 기분 때문이 아니다. 어디까지나 그들보다 안정된 생활을 누리고 있다는, 압도적인 격차에 대한 떳떳치 못함 때문이다. 두 감정의 차이는 무척 크다. 말하자면, 남을 도와야 한다는 선의를 가진 경우에는 상대를 멸시하게 되고, 자신이 떳떳치 못하다고 자책하는 경우에는 상대를 두려워한다.

구걸하는 사람들과 알게 되면 미소를 띠면서 인사를 나누는 것만으로 어떤 것도 요구받지 않게 된다. 그들 역시 "항상 받는 것은 미안하니까"라고 생각할지도 모른다. 증여는 사람 사이의 공감을 증폭하고, 교환은 공감을 억압한다.

에티오피아에 있으면 교환 방식에 굳어 있던 몸과 마음이 풀어진다. 이렇게 풀어진 신체로 뒤틀린 세계의 옹어리를 풀어가보자.

아디스아바바에서 항상 묵는 호텔 앞에 있던
구두닦이 소년들. 암하라어 선생님이었다.

처음 만난 에티오피아

1998년 4월, 대학을 1년간 휴학하고 친구 두 명(M과 S)과 처음으로 에티오피아에 갔다. 에티오피아 전문가였던 지도교수에게 영향을 받은 덕분이다. 몇몇 국가를 여행한 후 아디스아바바에 도착했다. 첫날밤을 보내고 난 다음 날 아침의 일기다.

5월 1일

새벽 3시쯤 잠에서 한 번 깼다. 8시 반에 일어났다. 화장실 세면대에서 빨래를 하고 암하라어(에티오피아에서 널리 사용되는 언어)를 공부했다. 꽤 어려워서 잘 외워지지 않는다. 먼저 숫자 세는 법부터 필사적으로 익혔다.

11시쯤 배가 고파서 혼자 밖으로 나가다. 호텔을 나서니 영어를 하는 남자가 가까운 식당을 안내해주겠다며 말을 걸었다. 첫 번째 가게는 이탈리안 레스토랑으로 가격이 비쌌다. 두 번째 집은 메뉴가 암하라어와 아라비아어로 쓰여 있었다. 인제라(injera, 평평하고 둥근 크레이프 모양을 한 빵으로 에티오피아의 주식)와 양고기 스프를 주문했다. 나온 음식은 시뻘겠지만 생각보다는 맵지 않고 정말 맛

있었다. 영어를 위주로 암하라어를 섞어가며 이야기를 나누면서 안내해준 남자와 함께 먹었다.

호텔로 돌아와 방을 옮겼다. 볕이 잘 들 것 같은 25비르(당시 환율로 약 4,000원)짜리 2층 방으로 이사하다. 침대만 두기에도 좁은 방이지만 밝아서 마음에 든다. 오후 1시 무렵, 밖으로 나가 구두닦이 소년들과 대화를 나눴다. 아이들에게 암하라어를 배웠다.

저녁에는 샌들을 사볼까 싶어서 피아사 거리로 혼자 나갔다. 어슬렁거리고 있으니 또 어떤 남자가 영어로 말을 걸어서 샌들을 찾는 걸 도와주었다. 좀처럼 파는 곳이 없었는데 겨우 하나 발견했다. 가격은 12비르. 하룻밤 숙박비의 반이라 생각하니 비싸다는 생각이 들었다. 방으로 돌아와 짐을 내려놓고 조금 쉬었다. 어두워지기 전에 다시 밖으로 나가 구두닦이 소년과 또 이야기를 나눴다. 암하라 말이 통하면 그것만으로도 기쁘다.

피아사 거리에서 언덕을 올라가 커다란 예배당으로 들어갔다. 입구에는 구걸하는 사람들이 줄지어 앉아 있다. 에티오피아 사람이 에티오피아 사람에게 구걸을 한다. 교회 안에 외국인은 한 명도 없다. 따가운 시선이 느껴진다. 교회를 나와 광장으로 빠져나왔다. 비닐봉지를 둥글게 말아서 만든 작은 공으로 신나게 축구를 하는 아이들. 광장에 늘어선 작은 가설 판잣집. 도로를 횡단하는 나귀와 양 무리. 새삼 에티오피아에 왔구나, 하는 실감이 들었다.

일단 호텔로 돌아왔지만 친구들이 없어서 다시 왔던 길을 되돌아가 혼자서 저녁을 먹었다. 인제라와 팁스(양고기 볶음). 식당이라고 생각했는데 안쪽에는 바도 있었다. 여자 손님 두 명뿐이었는데 나중에 한 명이 늘었다. 학생인 듯했다.

에티오피아 여성은 눈이 크고 고운 얼굴을 하고 있다. 체형도 맵시 있다. 인제라 같은 음식도 입에 맞아서 막연히 에티오피아는 좋은 곳 같다, 빨리 말을 하고 싶다, 라고 생각했다.

5월 2일

오전 내내 암하라어를 공부하다. 먼저 기본 어휘를 외우지 않으면 안 되겠다고 생각하다. 점심은 이탈리안 레스토랑에서 친구 M과 함께 라자냐를 먹었다. 토마토소스와 미트 소스가 적절히 조화되어 꽤 맛있었다.

방으로 돌아오자 노곤하니 과식을 했는지 체한 느낌도 들어서 잠시 누워 있다가 에티오피아 여행 가이드북 《에티오피아 가이드 (Guide to Ethiopia)》를 읽었다. 오후 3시가 되기 전에 일단 일어나 밖으로 나갔다. 우선 어딘가에서 암하라어를 연습해보고 싶었다.

가까운 찻집에 들어가 다른 손님과 합석하다. 웨이트리스에게 암하라어로 말을 걸었다. 잠시 대화 상대가 되어주었다. 찻집에는 젊은 여성 다섯 명 정도가 일하고 있었다. 모두 대략 17, 18세 정도, 영어는 거의 하지 못한다. 영어가 안 되니 소통이 어렵다. 한 시간 정도 샤이(홍차)를 마시면서 어떻게든 이야기를 이어나갔다. 순서를 돌아가며 모두 열심히 암하라어를 가르쳐주려고 했다. 4시에는 일이 끝난다고 했다.

4시 전에 밖으로 나가 한 바퀴 돌아보다가 책방에서 암하라어-영어 사전을 사서 다른 레스토랑으로 갔다. '쿠쿠르'라고 하는 뼈가 붙은 양고기 스프를 주문하다. 기름지고 소금기 없는 돼지고기 육수 같은 느낌이 들었다. 점원이 메뉴를 하나하나 정성껏 설명해주었다.

밥을 먹고 맥주를 마시려고 올림피아 호텔로 가다. 처음에는 혼자 서서 마셨는데 함께 모여 어깨를 흔드는 우스쿠스타라는 춤을 추고 있는 무리와 자연스레 합석하게 되었다. 퇴근 후에 한잔하는 사람들도 합세해 같이 마셨다. 그들이 돌아가자 또 다른 세 명이 다가와서 같이 마시자고 권했다. 영어가 제법 통해서 이야기를 할수 있어서 즐거웠다. 네댓 잔 마셨던 듯한데, 전부 그들이 계산하고 같이 가게를 나왔다. 잠자리에 들었지만 잠이 오지 않는다. 결국 새벽 3시부터 4시까지 오늘 들었던 암하라어를 복습했다. 낮 동안 샤이를 너무 마셨던 탓인지도.

아디스아바바의 피아사 거리.
1930년대 후반 이탈리아가 점령했을 때 지어진 건물이 남아 있다.

CHAPTER 2

감정

감정은 자연스레 생기는 본능일까?

격렬한 분노를 느끼고, 슬픔에 눈물을 흘리며, 자기 것으로 만들고 싶다고 욕망한다. 이러한 감정이 누구도 아닌 내 것이라는 점은 분명하다. 하지만 동시에 이러한 감정이 혼자 생겨날 리 없다는 사실도 잘 알고 있다. 분노를 유발하는 상대, 슬픔을 불러오는 사건, 욕망을 환기하는 물건. 넓은 의미의 '타자'라는 존재에 의해 감정은 생겨난다. 감정은 항상 자연스럽게 생기는 본능적인 현상인 것일까? 그런 감정을 느끼게끔 만드는 것은 대체 '무엇/누구'인 걸까?

에티오피아에서의 나는 누구였을까?

에티오피아 체험부터 이야기를 시작해보자. 첫 번째 에티오피아 방문은 벌써 20년 전의 일이다. 해외에 나간 적이 없었던 스무 살 무렵, 10개월 남짓한 체재 기간의 대부분을 에티오피아 사람들에게 둘러싸여 보냈다.

그때까지 나는 스스로를 그다지 감정적이지 않은 사람이라고 생각했다. 다른 사람과 부딪히는 일도 없었으며, 말하자면 냉정한 소년이었다. 그러나 에티오피아에 머무르면서 완전히 틀렸음을 깨닫게 되었다.

에티오피아에서는 어떤 일을 해도 과정과 상황이 순조롭게 진행되지 않았다. 택시를 탈 때도, 물건을 살 때도, 가격부터 흥정해야 했다. 마을을 걸으면 아이들에게 놀림을 당하고, 어른들에게는 질문 공세에 시달렸다. 인류학 조사를 위해 관공서에 방문하면 "오늘은 사람이 없으니까 내일 와요"라며 며칠씩 늦어지곤 했다. "여기가 아니야, 저쪽 창구로 가세요"라며 여기저기로 뺑뺑이를 돌리기도 했다. 이야기가 잘 진행되었다고 생각했는데 결국 마지막 단계에서 뒷돈을 요구받는 일도 있었다. 에티오피아에서는 말이 잘 통하지 않아서 손짓 발짓을 섞어 격하게 이야기를 하거나 흥분해서 큰 소리를 지르는, 다른 내가 있었다.

마을에서 사는 동안에도 모든 생활이 타인과의 관계 안에 있었기에 혼자만의 개인적인 시간은 거의 없었다. 좋은 의미에서건 나쁜 의미에서건, 항상 어떤 종류의 자극에 지속적으로 노출된 상태였다. 식사를 할 때는 모두가 큰 접시를 둘러싸고 앉아 "더 먹어, 더 먹어"라고 하면서 서로를 배려하며 먹곤 했다.

마을에는 아직 전기가 들어오지 않아서 저녁을 먹고 나면 등불 아래로 모여 들었다. 할아버지의 이야기에 귀를 기울이면서 아이들과 배를 잡고 데굴데굴 구르며 웃거나, 심각한 얼굴로 놀라거나 하며 떠들썩하면서도 마음 따뜻한 시간을 보냈다.

마을에 '외국인'이 혼자 있다는 이유로 여러 가지 복잡한 일이나 분쟁도 일어나서 왜 이렇게 엉망진창인가 싶어 눈물이 그치지 않는 날도 있었다.

매일 아침 나무그늘에 테이블을 꺼내놓고 전날 있었던 일을 기록하는 것이 일과였다. 문득 고개를 들면 끝없이 탁 트인 맑고 푸른 하늘에서 나무 사이로 빛이 흘러내렸고, 작은 새가 지저귀는 소리가 들려왔다. 상쾌한 바람에 나뭇가지가 흔들렸다. 마을 할머니가 볶는 커피 향기가 풍겼다. 참 행복하다 싶어 가슴이 벅찼다.

마음속 깊은 곳에서 진심으로 웃음이 터져 나오거나, 격렬하게 분개하거나, 행복감에 잠기면서, 매일이 희로애락으로 가득 찬 시간이었다. 얼굴 근육도 쉴 새 없이 움직이며 항상 다양한 표정을 지었으리라.

그런 생활을 마치고 일본으로 돌아왔을 때, 이상한 감각에 휩싸였다. 간사이국제공항에 도착하면서 모든 상황이 원활하게 진행되었다. 어떠한 부자유도, 분노도, 곤혹스러움도 느낄 필요가 없었다. 버스표는 자동 발매기에서 바로 살 수 있고, 차는 지체 없이 정각에 출발했다. 움직이기 시작한 버스를 향해 꾸벅 절하는 공항 직원의 모습에 깜짝 놀라 뒤돌아보고 말았다.

사람과의 관계에서 생겨나는 번거로움이나 귀찮은 일이 용의주도하게 제거됨으로써, 되도록 스트레스를 느끼지 않고 일을 마칠 수 있게끔 시스템이 갖추어져 있었다. 머리를 깊이 숙여 인사하는 직원은 감정을 나누어 서로 관계를 맺는 '사람'이 아니라 "이용해 주셔서 감사합니다"라는 발매기의 기계음과 다를 바 없는 일종의

'기호'였다. 마음속에 풍파가 일지 않고 항상 일정한 진폭으로 진정되게끔 보존되는 셈이다. 세련된 수많은 시스템에서 에티오피아와는 정반대의 문화적 충격을 받았다.

그러던 와중에 내가 예전처럼 감정의 기복이 없던 자신으로 되돌아가고 있음을 깨달았다. 얼굴 표정을 풍부하게 만드는 근육의 움직임도 둔해졌다. 얼굴 생김새도 바뀌었을지 모른다.

도대체 에티오피아에 있었던 때의 나 자신은 누구였을까 하는 생각이 들었다. 그렇지만 일본의 생활이라고 해서 감정이 아예 일어나지 않았다고는 할 수 없다. 텔레비전에서는 신상품을 선전하기 위해 과하다고 할 만큼 갖가지 취향을 한데 뒤섞어 공들여 만든 CM이 반복되며 흘러나와 물욕을 북돋곤 한다. 지금까지 별생각 없이 보던 코미디 프로그램도 억지로 웃게끔 하여 '반응'을 강요하는 것처럼 여겨졌다. 그럴 때 혼자 텔레비전을 보면서 떠오른 웃음은 감정이라 부르기에는 꽤나 아득하고 얄팍하여 흔적도 없이 곧장 사라져버리는 가벼운 것이었다.

수많은 감정 속에서 특정한 감정/욕구만이 환기될 뿐, 대부분은 억제되고 마는 듯한 감각. 에티오피아에 있을 때에 비하면 내 속에서 생기는 감정의 움직임에 어떤 '왜곡'이 있음을 느꼈다. 어딘가 의도적으로 조작된 것처럼 여겨지기도 했다.

현지와 고향의 차이를 경험하다

일본은 감정을 제어하는 사회인지도 모른다.

처음 에티오피아에서 귀국했을 때 느꼈던 껄끄러움을 지금도 떠올리곤 한다. 혼자 사는 학생의 삶으로 빠르게 복귀해야 했던 상황과도 관계가 있었을 것이다. 겨우 10개월의 에티오피아 체재를 마치고 20년 이상 살아왔던 일본의 환경으로 돌아와 느꼈던 '차이'는 과연 무엇을 의미할까?

에티오피아 쪽이 좋았다고 말하고 싶은 것이 아니다. 지금도 에티오피아의 시골에 가면 때로는 누구와도 만나지 않고 혼자 쾌적한 도회지 호텔에 틀어박혀 영화나 보고 싶다는 생각이 든다. 거리를 지나는 사람과 일일이 얼굴을 맞대고 매번 악수하거나 인사말을 나누는 일은 무척이나 귀찮기도 하다.

인류학의 필드 워크(현지 조사)는 타자와 맺는 깊은 관계에 자신의 몸을 맡기는 일이다. 속속들이 잘 아는 사람과만 사는 것이 아니므로 때로는 상상조차 하지 못한 상황에 맞닥뜨려 당황할 때도 있다. '현지'에 익숙해진 몸은 다음에는 '고향'에 돌아와 또 다른 '차이'를 경험한다.

인류학은 자신의 거처와 조사 장소를 왕복하는 가운데 생기는 차이나 위화감을 실마리 삼아 사고를 진행한다. 이러한 연구 방법은 당연하게 여기며 살아온 현실이 어떤 특수한 양상으로 구축되어 있을 가능성에 눈뜨게 한다.

인류학에서는 고향과 현지 사이의 왕복이 필수적이고, 그 둘 모두를 사고의 대상으로 삼는다. 인류학이 먼 나라의 다른 문화를 연구하는 것이라고 생각하곤 하지만, 인류학자는 단순히 현지에 있는 '그들'만을 조사하지 않는다.

에티오피아에 있으면 내가 살고 있던 일본과 다른 감정이 생기는 방식을 경험한다. 이를 통해 내가 원래 살던 일본 사회의 감정을 둘러싼 환경의 특수함을 깨닫고, 지금까지 의문을 가지지 않았던 "감정이란 무엇인가?"라는 근본적인 물음까지 자각할 수 있다.

인류학자가 마주하는 질문의 대다수는 처음부터 마음속에 있는 것이 아니다. 고향과 현지를 왔다 갔다 하는 가운데 어느 순간 다가온 질문인 셈이다.

감정은 관계와 맥락에 의해 결정된다

감정이란 단순히 신경계의 반응일까? 어떤 사람의 마음이 가진 고유의 표정이라고 할 수는 없을까? 감정은 타자와 관계 맺는 방식에 기인하지는 않을까? 처음 에티오피아에서 일본으로 돌아왔을 때 느꼈던 차이를 되돌아보면 이런 의문이 든다.

대체 우리는 감정을 어떻게 느끼는 것일까? 눈물이 흘러넘칠 때, '슬픔'이 결부되어 있다는 것은 당연하고 뻔한 일인지도 모른다. 그렇지만 눈물은 슬플 때만 흐르는 것이 아니다. 눈에 먼지가 들어갔을 때도, 하품을 할 때도 눈물은 난다. 그럴 때 슬퍼한다고 는 생각할 수 없다. 우리는 '눈물'이라는 표식 때문에 그 감정이 '슬픔'이라고 이해하지 않는다. 그렇다면 내 속에서 일어나는 감정이 슬픔이나 화라는 사실은 어떻게 알아차릴 수 있을까?

우선 감정이 생길 때 마음이 어떻게 움직이는지 차분히 관찰해보자. 과거에 있었던 슬픈 사건을 떠올려본다. 무언가가 눈 안쪽에서 들썽거리며 근질근질하거나 가슴이 욱신욱신한다. 다음으로 분노를 느낄 때의 감정을 떠올려본다. 눈 주위에 미세하게 힘이 들어가거나 가슴속 깊은 곳에 뜨거운 무언가가 흐르는 것을 느끼곤 한다.

이러한 감정을 슬픔이나 화라는 단어보다 잘 표현해낼 어휘는 없다. 혹은 슬픔이나 화라는 말을 실마리로 비로소 가슴 깊은 곳에서 끓어오르는 '무언가'에 의미를 부여할 수 있다. 그러므로 알지 못하는 말의 감정을 느끼는 일은 불가능하다.

고전문학 교과서에서 나오는 '모노노아와레*'라는 말의 의미를 알지 못하면 "이야, 모노노아와레가 느껴져!"라고 말할 수 없다.

---

* もののあわれ, 어떤 사물이나 사실, 정황에 대해 느끼는 감동이나 감흥을 의미하며, 주로 마음속에서 흘러나오는 적막하고 쓸쓸하며 슬픈 감정을 가리킨다. ─ 옮긴이

그러나 말을 알고 그 느낌을 어렴풋이 안다면 그런 감정을 느낄 수 있다. 그리고 그 감정으로서 느낀 '무언가'는 '모노노아와레'로밖에 표현할 수 없다.

이를테면, "오늘은 행복해!"라고 말할 때의 기분과 "나는 행복한 사람입니다"라고 말할 때의 기분은 조금 다르다. 어디가 어떻게 다른지 설명하기 힘들어도 상관없다. "어쨌거나 다르다"라고 말하기만 해도 두 감정을 구분해서 느낄 수 있다.

이는 감정이 신체적인 생리 현상만은 아니라는 증거이기도 하다. 물론 마음속의 무언가는 뇌 속의 반응과 연결되어 있지만, '말'은 그것에 '형태'를 부여하고 분류하거나 구별하게 하여 경험의 사실성을 뒷받침한다.

감정을 알기 위한 실마리가 말뿐만은 아니다. 엄마가 아기를 달래면서 뾰로통한 얼굴을 한다. 엄마가 진짜로 화를 내고 있을 리는 없다. 눈물이나 얼굴 표정과 같은 외적으로 드러나는 표식은 주위의 맥락에 의해 이해된다.

1장에서 말했듯, 점원과 물건을 주고받으면서는 아무것도 느끼지 못하지만, 가족 사이에서는 똑같은 물건을 주고받아도 감정이 담겨 있는 것처럼 생각된다. 감정을 불러일으키는 자극에는 사람과 물건의 배치나 그 관계라는 맥락 전체가 포함되어 있다. 따라서 행위를 하는 사람이나 그것을 보고 있는 사람이 어떻게 그 맥락에 얽히는지가 중요해진다.

'슬프다'라는 감정을 알기 위해 거울로 자신의 얼굴을 확인하거나, 마음속에서 일어나는 반응을 그때마다 뇌파 모니터로 확인할 필요는 없다. 이런 것은 모두 맥락을 묻지 않고도 이해하는 방법이다.

영화를 볼 때 이야기가 전개되고 분위기 있는 음악이 흐르며 주르륵 눈물이 흐른다. 이렇게 사람이나 대상의 배치를 통해 마음속에서 생기는 '무언가'가 '슬픔'이라고 의심 없이 깨닫는다. 이때 뇌 속에서 어떠한 반응이 일어나는가는 관계없다. 그렇다면 외적인 '자극'과 내적인 '반응'을 정확히 구분하기가 까다로워진다. 사람이나 대상과 관계 맺는 방법 자체가 자극이나 반응의 의미를 결정하기 때문이다.

그리고 감정이 사회적인 맥락에서 생겨난다면 자기만의 마음의 표현이라고는 말할 수 없다. 슬픔이나 분노가 특정한 사람이나 물건과의 관계에 따라 의미가 정해지면, '눈물'이나 '얼굴 표정'을 하나의 사실적인 '감정'으로서 이해할 수 있게 된다.

감정의 의미는 다양한 사람과 물건과의 관계에서 결정된다. 그러므로 같은 대상이나 장면에서도 다른 반응을 불러온다. 에티오피아의 지방 영화관에서 레오나르도 디카프리오가 주연한 〈타이타닉〉을 보았을 때의 일이다. 영화 마지막 부분에서 빙산에 부딪

힌 여객선이 기울어져 갑판의 손잡이에 매달려 있던 사람이 바다에 빠졌다. 처참한 사건이고 가슴을 저미는 결말인데도 영화관에서는 이 장면에서 폭소가 터져 나왔다. 에티오피아 관객은 사람이 낙하하는 장면 자체가 이상해서 견딜 수 없었던 모양이다. 극장을 가득 메운 관객이 박수를 치면서 서로 마주 보며 웃던 모습이 지금도 눈에 선하다.

이렇듯 감정은 불가사의한 존재다. 하지만 감정을 이해하는 것이 어떻게 사회의 구축과 이어질까?

감정은 사람이나 물건과의 관계에서 생겨난다

감정은 사람과 물건의 배치/관계에서 생겨나고 비로소 이해할 수 있게 된다. 그러므로 타인과의 관계가 바뀌면 감정의 생성 방식에도 변화가 생긴다. 힘들어하거나 슬퍼하는 일이 사람과 물건의 관계가 조금 어긋남으로써 완전히 바뀔 가능성도 있다.

앞서 이야기했듯, 일본을 비롯한 현대 사회에서는 자연스럽게 감정을 발생시키는 상황이 사회로부터 배제되어 있다. 1장에서의 어법에 따르면, 사람과 사람과의 주고받음을 '경제화=상품 교환화'한 결과이기도 하다.

상품 교환은 주고받는 관계를 한 번으로 완결/정산되게끔 만든다. '부담감'이나 '감사'와 같은 물건의 주고받음에서 생기기 쉬운 마음이나 감정은 아예 '없었던 것'으로 여겨진다. 상품 교환의 장에서 대면하는 사람은 탈감정화된 교환 상대일 뿐이다. 줘야 하는 것을 주고 받아야 할 것을 받는다면, 관계는 그것으로 끝난다. 이러한 교환 관계는 커뮤니케이션의 기반이 되는 '공감'을 억압한다.

사람은 상대가 무엇을 생각하고 느끼는지 알지 못하면 커뮤니케이션을 시작할 수 없다. 길을 걷고 있을 때 본 적이 있는 사람이 다가온다. 이름은 떠오르지 않는다. 상대방도 나를 잊어버렸을지 모른다. 상황을 슬쩍 보는데, 내 쪽을 눈치채지 못하는 것 같으면 선뜻 말을 걸기가 어렵다. 그렇지만 문득 눈이 마주쳤을 때 상대가 미소를 띤다면 자연스레 커뮤니케이션이 시작된다. 상대방의 말이나 표정을 '읽는(=공감하는)' 것이 이 상황에 어울리는 커뮤니케이션을 이어나갈 열쇠가 된다.

아이를 달래면서 뽀로통한 얼굴을 하는 엄마에게 "왜 애한테 화를 내는 거예요!"라고 타박하는 사람은 적절한 커뮤니케이션을 할 수 없다. 표현된 감정의 의미를 읽어내기 위해서는 타자의 몸짓에 놓인 맥락에 자기 자신을 동화시킬 필요가 있다.

철학자 메를로 퐁티(Maurice Merleau Ponty)는 말한다. "타인의 신체를 지각하는 존재는 다름 아닌 나의 신체다. 타인의 신체를 지각한다는 것은 이른바 자신이 지향하는 여러 가지가 기적적으로 연장된다는 사실을 발견하는 일이다. 요컨대 세계를 다루는 친숙

한 방법을 발견하는 것이다."《지각의 현상학》

감정은 사람과 물건의 배치/관계에 따라 생겨난다. 그러므로 사람은 항상 맥락에 따라 타자의 신체에 일어나고 있는 '무언가'를 자신의 것으로 느끼고 그 의미를 읽어내려 한다. 그럼으로써 비로소 자신의 감정을 적절히 표현하고 상대방 감정의 의미에 따른 커뮤니케이션이 가능해진다.

자신의 마음을 표현하고 타자의 마음에 공감하는 힘, 이는 인류가 진화에 의해 획득한 탁월한 능력 중 하나다. 인간만큼 얼굴 표정 근육이 발달한 동물은 없다. 기르는 개의 감정을 읽는다는 사람이 있을지도 모르지만, 인간 이외의 동물은 표정이 극히 빈약하다. '웃고 있는 개'라는 표현이 어색한 것은 개가 인간처럼 얼굴 근육을 전체적으로 사용하여 웃음을 표현할 수 없기 때문이다. 신체적인 제약이 있어서다.

영장류를 연구하는 학자 야마기와 주이치(山極壽一)에 따르면, 고릴라처럼 인간에 가까운 영장류라도 흰 눈동자는 거의 드러나지 않는다고 한다. 상대에게 감정을 읽히지 않기 위해서다. 인간은 진화 과정에서 이 부분을 크게 하여 눈동자의 움직임을 상대방의 눈에 띄게 하는 편을 택했다. 그렇게 서로의 감정을 읽어내고 공감이 생길 가능성을 신체적으로 보증함으로써 사회적 존재가 되었다.

그렇지만 얼굴 표정이 풍부해도 상대의 내면을 속속들이 알 수 있는 것은 아니기 때문이다. '웃는 얼굴'이 항상 '호의'의 증거는 아니다. 상냥한 웃음, 쓴웃음, 서비스용 미소 등 다양한 웃음이 있다. 웃는 얼굴 배후에 있는 맥락을 파악하지 않으면 대화를 비롯한 커뮤니케이션을 지속하는 데 지장이 생기며, 공감 능력은 이를 가능하게 만든다.

감정/공감은 보통 규칙에 준하여 작동한다. 상품 교환에 의해 물건을 주고받을 경우, 가격표나 계산대, 점원의 제복 같은 장치가 있으므로 감정이나 공감이 억제된다. 마찬가지로 리본이나 포장, 선물을 받고 답례까지 걸리는 얼마간의 시간차는 선물이라는 표시가 된다. 그것에는 마음이나 감정이 담겨 있다고 느끼기 때문이다. 주고받음이라는 행위 주변의 사람이나 물건에 감정을 끄집어내거나 밀어 넣는 스위치가 설치되어 있는 셈이다.

여러 가지 물건이나 사람이 하나의 고리로 연결되어 있어서 그 고리의 일부를 구성하는 '나'에게 감정이 생겨난다고 해도 좋다. 교환이나 증여와 같이 물건을 매개로 한 커뮤니케이션은 그 고리를 연결하거나 단절하는 행위인 셈이다.

증여에도 기술이 필요하다

돈과 상품의 교환에 비해 선물을 주고받는 행위에는 읽어내야 할 마음과 감정이 다양하게 존재하기 때문에 신경이 쓰인다. 연인과 친구에게 선물이나 축하의 의미로 물건을 보낼 때 상대를 떠올리면서 기쁘게 받아줄지 고민했던 경험이 있을 것이다. 하지만 계산대 앞에서 점원에게 돈을 어떻게 건네주면 좋을지 고민하는 사람은 없다. 교환에 비하면 증여는 힘들다. 증여를 잘하기 위해서는 일종의 '기술'이 필요하다.

예를 들면 밥을 먹기 위해 식당에 갔는데, 친구가 식사를 하고 있다. 이 상황에서 상대가 에티오피아 사람이라면 분명 "이니 브라(같이 먹자)"라는 말을 듣게 될 것이다. '식욕'이라는 욕구는 쉽게 공감되어 '혼자 독차지하고 있는 상황'을 불편하게 느끼게끔 하고, '상대에게 말을 걸며 같이 먹자고 행동하기'를 요구받는다. 심지어 에티오피아에서는 길을 걷다가 알지 못하는 사람이 같이 먹자며 말을 거는 경우도 많다.

반대로 음식을 먹고 있을 때 지인이 지나간다면 먹지 않을 것을 알고 있어도 같이 먹자고 말을 거는 게 예의다. 반응을 걱정하지 않아도 상대 역시 적절히 상황을 파악하고 (거짓말이라도) "지금 막 먹어서 괜찮아요"라고 답한다.

어차피 먹지 않을 텐데 왜 이렇게 번거로운 일을 반복할까? 문제는 먹을까, 먹지 않을까가 아니다. 서로가 정으로 가득 찬 증여/공감의 관계에 있다는 점을 그때마다 확인하는 것이다. 식사할 때 지인이 있는데도 권하지 않고 못 본 척한다면 적대 관계이거나, 적어도 불편한 관계에 있다는 뜻이다.

일본이라면 레스토랑은 상품 교환의 장이기에 각자가 돈을 내고 좋아하는 음식을 먹는다. 보통은 함께 자리한 사람에 대한 배려나 사양도 필요 없다. 친구와 함께 테이블에서 먹어도 각각 주문한 음식의 값만 개별적으로 지불하는 일이 많다. 그것은 관계가 과잉되는 것을 기피하기 때문이다. 그렇게 공감은 억제된다.

그렇지만 장소나 시간에 따라서는 예상하지 못한 상황에서 지인과 동석하는 것이 어쩐지 어색하게 느껴질 수도 있다. 상대를 향한 공감이 억제되지 않기 때문이다. 그 장소에서 증여 관계를 선택해야 할지, 교환 관계로 가야 할지 알 수 없는 미묘한 상황이 벌어지기 때문이기도 하다.

직장 동료라면 각자 계산하는 편이 자연스럽다. 하지만 연인 사이에서 더치페이를 하면 애정이 없다는 의심을 받는다. 감정은 '마음'에 있는 것이 아니라 물건을 주고받는 방식으로 '표시'된다.

교환 관계가 뒤탈이 없고 시원스러우며 염려 없이 끝난다. 하지만 어딘가 인정미가 없어서 지인이나 친구라면 야박하다는 생각도 든다. 증여 관계는 어딘지 모르게 귀찮다. 하지만 그로 인해 생기는 감정이나 공감을 증폭시킨다. 이렇게 교환이나 증여의 방식을 선택하면서 그에 걸맞은 애정을 표출하고 받아들인다. 어떤 사람과 친밀해지고 싶으면 적극적으로 증여해야 한다. 애정은 마음 속에서 자라나는 것이 아니라 말이나 물건을 주고받는 행위의 고리에 의해 현실화되기 때문이다.

우리는 혼자서 살아갈 수 없다. 그러므로 다양한 타자와 관계를 맺으며 사회를 형성한다. 친하게 지내고 싶은 사람도 있고, 가능하면 피하고 싶은 사람도 있다. 그런 생각이 반드시 일치하지는 않으며, 엇갈리는 경우도 많다. 여러 생각이 교차하는 가운데 때로는 공감/감정을 증대시키거나 부지런히 억압함으로써 다양한 타자와 맺는 관계의 그물코가 만들어진다. 그것이 우리가 살아가는 사회의 모습이다.

수많은 물건이나 말, 행위를 주고받으면서 공감/감정의 스위치를 ON 또는 OFF로 하며 사람과 관계를 맺는다. 경제도 감정도 이런 스위치의 작동과 밀접하게 관련되어 있다. 그 작동법을 이해한다면 복잡하게 얽혀 있는 사회의 실타래를 풀어 제대로 조망할 수 있다.

사람과 사람이 서로 연결되는 '관계로서의 사회'. 그렇다면 '연결'이나 '관계'란 대체 무엇인가? 이에 대해서는 다음 장에서 자세히 살펴보려 한다.

버스를 타고 짐마로 향하다

대학과 관청에서 수속하고 허가받는 데 시간이 걸려서 아디스아 바바에 체제한 지도 1개월 가까이 지났다. 드디어 350킬로미터 정도 떨어진 서남부의 짐마(Djimmah)라는 지방 도시로 향한다. '오로모(Oromo)'라고 불리는 에티오피아 최대의 민족 집단이 사는 오로미아(Oromia) 주 서부의 오래된 마을이다. 동아프리카 최대의 시장인 마르카토(Martkato)에서 장거리 버스에 올랐다.

5월 27일

5시에 일어날 생각이었지만 4시 반 무렵에 눈이 떠졌다. 어둠 속에서 여행 채비를 마쳤다. 배낭이 묵직하다. 거리에는 이미 사람들이 많이 지나다닌다. 어두워서 조심조심 버스 터미널로 가다. 터미널 주위는 특히 사람이 많다. 짐마행 버스를 발견하고 선반에 짐을 올린 후 줄을 선다.

먼저 어린아이를 데리고 온 엄마를 버스에 오르도록 했다. 그다음은 우리. 순간 '어, 왜지?' 하고 생각했지만 퍼렌지(ferenji, 외국인)도 특별 취급을 받는 듯. 그 뒤로는 소문으로 들었던 대로 줄서 있던 사람들이 버스 주위를 뛰어다니다가 문이 열리면 일제히 달려들어 올라탄다. '의자 뺏기' 게임 같다. 많은 사람들이 버스로 떼 지어 몰려든다. 인파를 헤치듯 출발하여 아디스아바바 시내를 빠져나간다. 안개가 아침 해에 비쳐 붉은빛으로 물든다. 지평선을 향해 일직선의 길이 이어진다.

어느 정도 포장된 도로였지만 차는 심하게 흔들렸다. 도로 여기저기가 움푹 패 있어서 가속과 감속을 반복했다. 좌석도 좁다. 반쯤 꾸벅꾸벅 졸면서 시간이 흐르기를 가만히 기다린다.

길 양쪽은 아름다운 초록의 농지다. '기아의 나라'라는 이미지와는 거리가 먼 풍경이다. 도중에 점심을 먹기 위해 휴식하다. 20분 예정이었지만 40분 가까이 이어져서 한참 만에 다시 출발하다. 잠시 지나니 큰 강 방면으로 고원을 내려갔다. 황폐한 땅도 보인다. 둥근 초가지붕의 전통적인 가옥과 각진 함석지붕의 집들. 대부분의 집 주변에는 바나나 비슷한 엔세테(Ensete, 덩이줄기의 녹말을 식용으로 하는 작물)를 심어놓았다.

더웠지만 창문을 여는 사람은 없다. 창을 열기라도 하면 앞 사람이 "위험해!"라고 주의를 준다(에티오피아에서는 바람을 병의 원인으로 여기기 때문이다). 에티오피아 승객은 누구도 피곤한 기색을 보이지 않는다. 자는 사람도 없다. 계속 이야기를 하거나 먹거나 한다. 발밑에는 바나나나 오렌지 껍질, 차토(각성 효과가 있는 식물로 카트라고도 부른다) 줄기 같은 것이 여기저기 흩어져 있다. 앞좌석에 표정이 귀여운 아기가 있어서 지루하지 않았다. 짐마에서 꽤 가까운 마을에 정차하여 다시 이유를 알 수 없는 휴식.

오후 2시 반에 짐마에 도착하다. 버스 정류장 주위에는 아무도 없다. 예약해둔 호텔은 커다란 철근 콘크리트 건물이라 한눈에 알아볼 수 있었다. 요금은 66비르(아디스아바바의 2.5배다!). 외국인은 에티오피아 사람보다 요금이 두 배 높게 정해져 있다. 게다가 뜨거운 물도 안 나왔지만, "몇 분 기다려요, 몇 분만 기다려요"라고 말할 뿐 전혀 해결될 기미가 안 보여서 미지근한 물로 샤워한 후 일본으로 편지를 썼다. 저녁은 소금 간이 안 된 스프에 맛없는 오믈렛. 소금을 마구 뿌려 먹었다. 식후에 커피 한 잔. 설탕은 따로 내왔다. 뭐, 커피 맛은 좋았다. 방은 역시 아디스아바바보다 덥다. 벌레도 많다. 말라리아에 걸릴까 무섭다. 시트를 뒤집어쓰고 취침하다. 내일은 이 호텔에서 나가야겠다.

5월 28일

아침 무렵 안 좋은 꿈을 꾸다. 빈대도 있다. 일어나 짐을 챙겼다. 10시 전에 내려가 커피 한 잔. 택시를 부르다. 20비르나 내야 해서 비쌌지만, 택시 기사가 부르는 대로 주고 탁카 호텔로 향했다. 규모가 큰 고층 호텔이다. 짐마 거리가 훤히 내려다보인다. 짐을 방에 두고 거리로 나와 걸었다. 마찬가지로 "차이나!", "유!"라고 말을 걸어온다. 하지만 아디스아바바보다는 "재팬!"이라는 소리도 많이 들린다. 점심을 먹으러 식당 건물로 들어갔다. 모두 활 모양으로 굽은 식칼을 손에 쥐고 생고기 덩어리를 잘라 먹는다. 엄청난 광경이다.

시장 안으로 난 길로 들어간다. 순식간에 시대를 거슬러 올라간 듯했다. 마치 중세 세계 같다. 중세의 시장 골목이 이런 분위기였는지도 모르겠다. 짐수레가 달린 마차가 달리고, 길가에 앉아 작은 자루를 열어 과일과 채소를 늘어놓고 파는 여성들의 모습. 맨발인 사람도 많다. 모두의 시선을 받으며 한 바퀴 휙 둘러보았다. 카메라는 꺼내지 않았다.

이 동네에는 책방이 하나밖에 없다. 게다가 오늘은 휴업이다. (1991년에 내전에서 승리한) 현 정권 수립 기념일이라고 해서 도서관이나 우체국도 닫혀 있다. 카페에서 스프라이트를 마시며 한숨 돌렸다. 덥다. 내리쬐는 햇볕도 따갑다. 두 팀으로 갈라져 마을을 걷다가 말을 걸어온 농업 대학의 학생과 대화를 나눴다. 호텔로 돌아와 오로모 말을 공부했다.

외웠던 말을 써먹어보고 싶어 다시 밖으로 나왔다. 아저씨 한명이 말을 걸어왔다. 술에 취한 사람이다. 커피 농장을 경영하고 있다든가 했다. 구라게(Guraghe) 출신이라 오로모 말은 연습하지 못했다. 잘 알아듣기 힘든 암하라 말로 자기자랑을 연신 늘어놓아 조금 질렸다. S가 합류해서 함께 저녁을 먹고 술집을 한 바퀴 돌았다. 생맥주를 너무 많이 마셨다. 나도 주정뱅이다.

아갈로의 시장.

CHAPTER 3

관계

절친한 사이, 혹은 그냥 아는 사이?

사이좋은 친구들과 그 정도까지는 아닌 친구들이 있다. 절친한 사이일까, 그저 아는 사람일까, 혹은 친구일까, 애인일까? 이런 식으로 자신이 누군가와 어떤 관계에 있는지를 자명한 사실로 파악하며 살아간다. 하지만 사람과 사람과의 '관계'는 눈에 보이지 않는다. 사이좋은 친구와 붉은 실로 이어져 있다가 사이가 나빠지면 회색이 될 리는 없다(물론 그렇게 된다면 명확하고 알기 쉽겠지만). 그렇다면 어떻게 다른 사람과의 관계를 '알아차리는' 것일까?

행위에 의해 관계를 이해한다

다음과 같은 경우를 생각해보자. 최근 메일로 연락하게 된 여성에게 밥 한 끼 먹자고 데이트 신청을 한다. 처음에는 조심스럽게 경어를 써가며 이야기를 했지만, 분위기가 부드러워지면서 편하게 이야기를 걸어본다. 그런데도 상대는 계속 존댓말을 쓰며 좀처럼 마음을 터놓지 않는다. 이쪽에서 허물없이 이야기를 하면 도리어 곤혹스러운 표정을 짓는다. 그러면 대개는 말씨에 주의하며 이야기를 건넬 것이다.

나와 여성의 '관계'는 눈에 보이지 않는다. 상대는 나에 대해 어떻게 생각하고 있을까? 좀 더 친밀해지고 싶은 것일까, 아니면 아직은 신중한 태도를 유지하려는 것일까? 인간관계를 손에 잡히듯

아는 것은 불가능하다. 아무리 자기 자신이라도 스스로의 기분을 전부 정확히 파악할 수는 없다.

따라서 자신/상대가 이야기하는 말투나 화제, 표정 등을 실마리로 삼아 두 사람의 관계나 서로의 기분을 추측할 수밖에 없다. 이런 상황을 두고 사회학자 어빙 고프먼(Erving Goffman)은 "사람은 커뮤니케이션 속에서 상황에 대한 정의를 내린다"라고 표현했다. 두 사람의 관계에 대해 가능한 선택지 중에서 자신이 생각하는 관계의 정의를 상대에게 던져보고, 그것이 받아들여지는지, 혹은 상대방이 이에 반응하여 되던진 정의가 내 생각과 잘 들어맞는지, 서로 조정하며 맞춰간다는 뜻이다.

즉, 관계로 인해 어떤 행동을 취하는 것이 아니라, 관계의 장에 던져진 행위가 축적됨에 따라 어떤 관계를 현실로 느낀다. '자주 메일을 주고받고 있기'에 비로소 '친해졌다'고 생각하는 것이며, 업무상 관계라도 '개인적인 일을 이야기하게' 되면 '거리가 가까워졌다'고 느끼게 된다. 상대와의 '관계'가 먼저 존재하는 것이 아니라, 두 사람 사이의 '행위'가 실마리가 되어 가까스로 그 상황을 '알아차리게 되는' 것이다.

메일을 쓸 때, 'ㅇㅇ야'라고 쓸까, 'ㅇㅇ님'이라고 쓸까, 'ㅇㅇ씨'라고 쓸까, 'ㅇㅇ 선생님'으로 쓸까 고민했던 경험이 있을 것이다. 고민한 결과 'ㅇㅇ씨'라고 했는데 상대방이 'ㅇㅇ님'이라고 답장을 보낸다면, 나도 '○○님'이라고 쓸걸, 하며 후회할지도 모른다. 이름만 써서 답장이 돌아온다면 다음 메일부터는 좀 더 친근한 표현을 사용할지도 모른다. 그저 메일을 쓰는 방법이나 단순한 호칭에 지나지 않을지도 모르지만, '관계'의 형태를 결정하는 것은 이러한 세세한 사항이 쌓여서다.

남녀 사이가 연애 관계로 발전했을 때, 먼저 '호칭'을 변경하는 일은 앞으로 둘 사이가 친밀해지는 중요한 계기가 된다. 둘 사이가 깊어진 후에 호칭이 변하는 것이 아니다. 호칭을 바꿈으로써 앞으로 깊은 관계로 전환된다는 사실을 확인하려는 것이다.

상대와의 관계가 어떠한 성격인가? 매일 서로 미묘하게 조정하면서 그 거리를 느끼거나 행동한다. 그리고 그러한 행위의 반복이 사람과 사람의 관계라는 현실을 만들어낸다.

그러므로 어떤 연락도 주고받지 않으면서 연인 상태를 유지하기는 어려우며, 혈연으로 이어진 가족이라도 떨어져 살면서 대화가 사라지면 타인처럼 멀어진다. 정식으로 교제를 시작하거나 결혼했다고 해서 그것만으로 관계가 계속될 것을 보증하지는 않는다.

내가 상대에게 어떠한 행위를 던지며 취하는가? 상대가 어떤 행위로 답하는가? 이를 통해 둘의 관계가 형태를 이룬다. 친한 친구나 애인, 가족이라는 카테고리는 일시적인 형태가 어떤 것인지 설명을 덧붙이기 위해 만든 데 지나지 않는다. 그러므로 관계는 깨지기 쉬우며 변하기도 쉽다. 즉, 관계는 서로의 행위에 의해 변할 수 있다.

우리 손으로 바꿀 수 있는 사회의 양상에 눈을 돌리자. 세상을 움직이는 권력이나 구조, 제도는 매우 거대하고 강력하지만, 전부 그 탓으로 돌리려는 생각을 잠시 멈춰보자. 그렇다면 관계가 그물코처럼 이어진 사회를 어떻게 우리 손으로 만들어낼 수 있을까? 에티오피아의 사례로 돌아가자.

커피를 함께 마시는 것이 유대감의 표현이다

에티오피아라면 커피를 떠올리는 사람도 있을 것이다. 에티오피아는 모카로 알려진 아라비카종의 원산지로, 세계적으로 유명한 커피 생산국이다.

남미나 아프리카의 커피 생산국은 국내에서는 커피를 거의 소비하지 않고 해외로 수출하는 경우가 많다. 그렇지만 에티오피아는 커피의 전체 수확량의 절반 가까이를 국내에서 소비한다. 커피는 돈을 벌기 위한 귀중한 수단일 뿐만 아니라, 일상생활에 중요한 애호품이기도 하다.

커피를 마실 때 에티오피아 마을에서는 으레 이웃을 초대한다. 집에서 자기들끼리 마시는 일은 있을 수 없다. 그런 짓을 했다가는 "저 사람들은 자기들끼리만 몰래 커피를 마신대요!"라며 뒤에서 험담을 듣는다. 숨어서 마시려 해도 원두를 가는 소리나 볶는 향기로 들키게 마련이다. 에티오피아에서 커피는 누구나 좋아하는 기호품일 뿐만 아니라, 독점하지 않고 모두에게 대접해야 하는 물품인 셈이다. 다른 민족이라도, 이교도라도, 커피를 마실 때만은 서로 권하며 같이 마신다. 그리고 두 잔, 세 잔 거푸 마시면서 20~30분의 시간을 함께 보낸다.

현지 조사를 위해 찾아갔던 마을에는 이슬람교를 믿는 무슬림과 에티오피아 정교, 그리스도교가 혼재되어 있었다. 그리고 여러 민족이 함께 생활했다. 그렇지만 커피를 마시는 관계는 동일한 민족이나 종교로 정해져 있지 않았다. 그보다는 얼마나 가까운지가 중요하다. 이웃 사람을 초대하는 가족이 무슬림이라면 커피를 마실 때 먼저 알라에게 기도를 드린다. 그러면 초대된 그리스도교인도 기도에 맞춰 "아멘, 아멘"이라며 호응한다.

민족이 다른 경우에는 언어가 뒤섞이면서 커피 타임이 진행되기도 한다. 에티오피아를 비롯하여 아프리카의 많은 지역에서는 여러 개 언어로 말하는 것이 드물지 않다. 그러므로 화제에 맞춰 사용하는 언어를 바꾸기도 한다.

예전에 에티오피아에서 이웃끼리 얼마나 자주 커피를 마시는지 조사한 적이 있다. 많게는 하루에 다섯 번씩 근처에 사는 사람끼리 모여 커피를 마시는 경우도 있었다. 나 역시 어울려 매일 커피를 마셨더니 위장 장애가 오기 시작했다.

싸움을 하면 커피를 마시자고 부르지 않거나 초대를 받지 못한다. 그러다가 엉뚱한 일을 계기로 다시 모이거나 멤버가 바뀌거나 한다. 이웃이 누구와 커피를 마시는지 마을 사람들은 대체로 파악하고 있다. 함께 커피를 마시는 것은 '친밀한 관계'를 공적인 사실로 만들어 '유대감'을 가시화하는 의미가 있다.

앞서 사람과 사람과의 관계라는 현실은 서로 간에 벌어지는 행위에 의해 구축된다고 했다. 다시 말하지만, 처음부터 정해진 관계에 따라 행위하는 것이 아니라 작은 행위를 쌓아가면서 관계를 만들어내는 셈이다.

에티오피아 마을에 사는 사람들과의 관계도 그러한 관점에서 이해할 수 있다. 사람들은 민족이나 종교, 언어라는 고정된 틀만을 기초로 관계로서의 사회를 쌓아가는 것은 아니다. 함께 커피를 마시고, 시시한 소문에 즐거워하며, 각자의 체험을 재미있고도 우습게 이야기하면서 '유대'를 실현한다. 다양한 배경을 가진 사람들이 시간을 함께 보내며 쌓아나가는 행위가 공통의 이해나 인식을 형성하고, 언어나 종교의 벽을 넘어 함께 살아갈 여지를 만들어낸다. 민족이나 종교가 달라도 깊은 우정으로 결속되기도 하고, 결혼을 통해 가정을 일구기도 한다. 인류는 긴 역사를 통해 그렇게 다양한 '타자(그들)'를 '우리'의 일부로 만들면서 살아왔다.

외국인이라서, 문화가 달라서, 이교도라서, ○○이기 때문이라며 이질적인 타자를 정해진 카테고리에 집어넣고 처음부터 관계쌓기를 거부해버리기 쉽다. 이런 배제의 시선은 정신적으로 아픈 사람이나 장애를 가진 사람에게도 적용된다. 그렇지만 이런 식의 배제가 실은 '나'나 '우리'의 풍요로운 가능성을 좁힌다는 사실을 많은 이들이 깨닫지 못한다.

그렇다면 지금까지의 이야기를 되짚어보면서, 가까운 곳에서부터 '관계로서의 사회'를 움직여갈 수 있는 가능성에 대해 생각해보자.

관계로서의 사회를 재구축하기 위하여

지금까지 경제, 감정, 관계라는, 얼핏 보면 동떨어진 주제를 이야기했다. 그렇지만 이는 다음의 두 가지 질문을 생각하기 위한 여정이었다.

1 │ 우리는 어떻게 사회를 구축하고 있는가?
2 │ 어떻게 그 사회를 다시 구축할 수 있을까?

사회라고 하면 손이 닿지 않는 큰 범위이자 존재라고 생각할지 모른다. 그러나 그렇지 않다. 누구나 다양한 사람이나 물건과 더

불어 사회를 만드는 작업에 종사한다. 따라서 자신이나 타인의 존재는 처음부터 '형태'와 '의미'가 결정되어 있는 것이 아니다. 타인의 내면에 존재하고 있는 것처럼 생각되는 '마음'도, 내 속에서 끓어오르는 듯 느껴지는 '감정'도, 물건이나 말, 행위의 주고받음이 쌓여가는 가운데 현실로 만들어진다. 그리고 사람이나 말, 물건이 오가는 장이 바로 사회다.

말과 물건의 주고받는 방식을 바꾸면 감정을 느끼는 법도, 다른 사람과의 관계도 변한다. 상품 교환은 감정이 부족한 관계를 형성하고, 증여는 감정으로 넘치기는 하지만 때로는 귀찮기도 한 친밀함을 만들어낸다. 이렇듯 경제-감정-관계는 다른 사람과 물건을 주고받는 방식, 교환/답례하는 방식과 같은 행위의 연쇄를 통해 이뤄진다.

애정도, 분노도, 슬픔도, 오로지 자신만의 것이라고 생각하기 쉬운 마음까지도, 모두 타자와 유형 혹은 무형으로 주고받는 과정에서 만들어진다. 따라서 주고받는 방식이 사회를 편안한 장소로 만들거나 그렇지 않거나를 결정한다.

그러므로 첫 번째 질문에 대한 답은 이렇다. 우리는 타인과 여러 가지 것을 주고받으면서 관계의 형태를 만들어낸다. 동시에 관계/유대를 통해 정신이나 감정을 가진 존재가 될 수 있다. 즉, 관계의 다발로서 이루어진 '사회'는 물건이나 행위를 매개한 사람과 사람과의 관련 속에 구축된다. 여기서 맺어진 관계의 고리가 다음 단계로 '사람'을 만들어낸다.

내가 누구인지는 타자와의 관계에서 결정된다. 가까운 타자가 누구인가도, 당신이 무엇을, 어떻게 상대에게 던지는가에 따라 변한다. 당신의 행위에 의해 상대는 어떤 사람이라도 될 수 있으며, 상대방이 어떻게 부르거나 지켜보는가에 따라 당신은 어떤 사람이 되도록 강제되거나, 그 누군가가 된다. 우리는 처음부터 견고한 형태를 지닌 '누군가'로 만들어진 것이 아니다. 다른 사람과 주고받는 방식, 이에 따라 생겨나는 관계에서 '나'와 '우리'가 생기며, '그'와 '그들'이 생겨난다.

그러므로 두 번째 질문에 대한 답은 이렇다. 사회의 현실은 매일매일 다양한 사람과 관련을 맺는 가운데 형성된다. 지금 어떻게 눈앞의 사람을 마주하고, 무엇을 던지며, 그 사람으로부터 무엇을 받는가? 바로 이것에 나를 만들어내고 당신이라는 존재를 만들어내는 사회라 불리는 '운동'의 열쇠가 있다.

상대에게 던지는 말, 주는 물건, 되돌아오는 행위, 이를 통해 눈에 들어오는 '나-당신'이라는 관계, '우리/그들'이라는 존재의 형태 중 어느 것도 한시도 움직임을 멈추지 않는다. 우리가 움직이고 누군가의 움직임을 느끼며 그때마다 어떤 '형태'로 만들어가는 '관계로서의 사회'는 멈추는 법이 없으며, 좋건 싫건 누구든 이 운

동의 연쇄에 속해 있다. 그렇기에 사회를 움직이고, 다른 자리로 비스듬히 비틀어놓고, 변화를 일으킬 가능성은 열려 있다.

　주고받는다. 지금 나와 당신을 연결하고 만들어내는 움직임을 자세히 지켜본다. 이 움직임을 바꾸고 싶다면 지금까지와는 다른 방법으로 주고받으며 그 관계의 자장을 뒤흔들어 그 위치를 비틀어놓으면 된다.

　지금까지는 추상적인 이야기밖에 하지 않았지만, 우선 여기까지를 이 책에서 말하려는 내용의 중간 지점으로 삼고 싶다. 다음 단계로 생각해야 하는 문제는 이미 드러났다. 이제껏 설명한 '관계로서의 사회'와 더욱 확장되어가는 '세계'를 이어보는 시도 말이다. 여기서 잠시 '사회-세계'의 접속이라는 측면으로 생각을 넓혀보려 한다.

조사를 시작하다

짐마에서의 짧은 체류 후, 40킬로미터 정도 떨어진 아갈로라는 인구 3만 정도의 마을로 이동하여 세 명이 방 하나를 빌렸고, 현지 조사를 하려던 국영 커피 농장으로 향했다.

6월 4일

새벽 무렵, 몇 시인지 모르지만 어둠 속에서 절로 눈이 떠지다. 잠들지 못한 채 우울한 기분으로 아침을 맞다. 8시 반. S가 시간을 알려주다. 매트가 딱딱해서 등과 허리가 아프다. 9시에 (조사를 도와주러) 리쿠가 왔다.

네 명이 아침 식사를 마치고 군청까지 걸어갔다. 미니버스를 타고 와서 합류한 고등학교 선생인 U씨와 함께 군청으로. 발이 넓은 U씨가 관청 공무원과 이야기를 도맡아줘서 우리들은 꿔다 놓은 보릿자루처럼 옆에 붙어 있었다. 군수에게 인사를 한 후 비서가 작업하는 모습을 지켜봤다. 오랜만에 보는 타자기. 조사 허가 관련 서류가 바로 발급됐다. 세 명 앞으로 각각 한 장씩이다.

그 뒤로 농업국 사무소로 향했다. 국장인 남성은 우리가 짐마

식당에서 날고기를 먹었던 것을 알고 있었다. 시골에서 외국인은 눈에 바로 띈다. 우선 인사로 얼굴을 익혀두고 U씨와 헤어져 셋방 구하기의 달인인 리쿠의 어머니 댁으로 갔다. 오전 중으로 부모님께 문안 인사를 하러 가는 것이 이곳의 관습인 듯하다. 가까운 카페에서 콜라와 앙보(탄산수)를 섞은 음료를 마셨다. 더위 속에서 걸어 다녀 목이 바짝바짝 탄다.

방으로 돌아와 짐을 옮겼다. 세 명의 방이 완성되었다. 리쿠의 부인이 커피를 끓여 왔다. 리쿠가 돌아오기를 기다려서 함께 시장으로 갔다. M은 매트를 사서 먼저 숙소로 돌아갔다. S는 등유 난로와 주전자를 샀다. 그리고 등유를 사러 주유소에도 들렀다. 구름이 흘러가는 모습이 심상치 않다. 바람도 강하게 불었다. 곧 쏟아지는 비. 점점 거세진다. 샛길을 달렸다. 이렇게 달려보기는 참 오랜만이다. 리쿠의 집으로 일단 피신하다. 땀이 흐른다. 세찬 비가 멈출 기색도 없이 내렸다.

어느 정도 지나 비가 잦아들자 집으로 돌아왔다. 길이 질퍽거려서 물웅덩이를 피하느라 애를 먹었다. 방으로 돌아와 바깥 마루에 앉아 셋이서 이야기를 나누었다. 새로 산 주전자로 물을 끓였다. 비가 온 후라 서늘하다. 아갈로에 와서 이렇게 우리끼리만 있기는 처음이다.

잠시 후, 리쿠가 우리가 쓸 가재도구를 가지고 왔다. 셋집에서 가지고 왔다고 한다. 조금 떨어진 오두막으로 짐을 옮기는 일을 도왔다. 잠시 후 U씨, 리쿠와 함께 맥주를 마시러 나갔다. U씨는 돌아가고 네 명이서 저녁 식사. 어두운 밤길을 신발에 진흙을 잔뜩 묻힌 채 걸어서 귀가하다. 다리가 뻐근하다.

6월 5일

새벽 1시 전에 눈을 뜬 후 잠을 못 자고 풋잠이 이어지다. 벌레가 있는 것 같다. 몸 전체가 근질거린다. 모기에 물린 것 같지는 않다. 침낭이 찢어져서 기웠다. 이곳에서 봉재 도구는 필수품이다. 리쿠가 와서 바느질을 하면서 오로모어와 암하라어 수업을 받았다. 슬슬 끝내야겠다 싶을 무렵에 아침을 먹으러 갔다. 오전 10시. 이곳 식당은 꽤 맛이 좋다. 식후에는 커피. 집주인에게 인사를 드리고 방으로 돌아왔다.

　침낭을 다 깁고 나서 커피 농장으로 갈 채비를 하자, 12시 30분에 리쿠가 왔다. 네 명이서 버스 정류장으로 출발했다. 꽤 낡은 랜드로버 차량인데 40년 이상을 달렸다고 한다. 시간이 되어도 좀처럼 출발하지 않는다. 게다가 자꾸자꾸 사람이 들어찬다. 출발하고도 정류장이 아닌 길가 아무 곳에서나 사람을 태운다. 이 정도까지 타도 될까 싶을 정도로 사람들을 가득 채운다. 20명 정도가 탄 버스 안은 콩나물시루다. 모두들 조수석에 타고 싶어 하는 까닭이 있었다.

콘바 마을에 도착한 후 걸어서 농장 사무실로 향했다. 한쪽 면
은 커피나무 숲인데 큰 나무를 베어버려 길에서 보면 잡목 수풀
처럼 보인다. 커다란 나무 아래로 반질반질한 이파리를 한 커피나
무가 자라고 있다. 점심시간인 듯하여 잠시 기다렸다가 오후 2시
에 다시 사무실로 가다. 관리인은 여전히 부재중이다. 사무장 남
성은 무엇을 조사하러 왔는지 확인하지도 않고 "뭐든 해도 괜찮
아요"라는 식이었다. 이해가 빠른 사람이다. 다만 "왜 오로모 말
같은 걸 배워요?"라고 물었다. 이해할 수 없다는 모습이다. 암하
라 출신이라서 그럴지도 모르겠다. 또 한 명의 여성 간부에게도
인사를 한 후 부산스럽게 사무실을 나왔다.

문 앞에 아갈로에서 타고 온 차가 기다리고 있다. 오늘은 이 차
로 하루 종일 왕복한다고 한다. 리쿠가 돌아갈 차편도 확실히 챙
겨둔 것 같았다. 역시 전에 일본인 연구자의 조수를 했던 사람답
게 철저하다.

아갈로로 돌아와 수고했다고 서로 격려하며 늦은 점심을 먹었
다. 카이 와트(양고기 스튜)는 조금 매웠다. 쿠쿠르는 괜찮았다. 방
으로 돌아와 마루에서 아디스아바바 도서관에서 복사해 온 커피
재배 프로젝트 논문을 읽었다. 비가 흩뿌렸지만 바람은 따뜻하다.
다 읽고 나서 차를 끓였다. 정원에 열린 파란 망고 열매를 먹어봤

다. 새콤달콤하니 맛있다.

　리쿠가 와서 셋이서 저녁 식사. 첫 번째 호텔에는 '무쿠브 엣렘 (식사 안 됨)'이라고 쓰여 있어 옆 가게로 갔지만 별로 맛이 없었다. 길가에서 숯불에 옥수수를 구워 팔고 있기에 카페에서 홍차와 함께 먹었다. 너무 구워서 딱딱해진 옥수수. 하늘에 보름달이 떴다.

타자와의 관계 맺기가 세상을 움직일 수 있을까?

첫머리에 우리가 살아가는 세계가 어떻게 성립되어 있는지 그 조감도를 그려보겠다고 말했다. 커다란 목표를 내걸어 난감하기도 했지만, 여기까지 쓰다 보니 넘어야 할 고개가 조금씩 보인다.

지금까지 사회라는 말을 자주 언급했다. 경제, 감정, 관계라는 단어도 많이 등장했다. 지금 대면하고 행위하는 사람과 사람 사이에서 생겨나는 현장에 관해 이야기했으며, 거기서 주고받는 물건과 말의 작동 방식이 무엇을 만들어내는지 생각해보았다.

다양한 물건을 매개로 한 주고받음이 교차되는 관계의 집합체가 사회라고 한다면, 세계는 그런 관계를 넘어 저편으로 확장되는 듯한 영역이다.

실제로 명확한 경계선은 없지만, 우리의 상상 속에서는 항상 '이어져 있다'고 실감할 수 있는 장소나 관계의 밖으로 직접 손이 닿지 않는 세계가 확장되는 듯 보인다. 그러면 국가라든가 시장과 같은 거대한 시스템에 의해 움직이고 있는 듯 여겨지는 '세계'라는 개념이 눈에 들어온다.

그런데 인류학은 온갖 문제를 연구 주제로 삼으면서도 늘 현장으로 나가는 현지 조사라는 방법만은 지켜왔다. 실제로 얼굴을 마주 대하고 이야기를 듣고 눈으로 확인하는 것이다. 사람들이 살아가는 장소의 분위기와 색깔, 냄새 따위를 오감을 동원하여 느끼면서 이해하려는 학문이기 때문이다.

많은 인류학자들은 세계의 한구석에서 일어나는 작은 사건을 직접 겪고 그 현장에서 사회가 어떻게 성립하는지를 이해하기 위해 정열을 바쳐왔다. 나 역시 오랜 기간 에티오피아의 마을을 찾아가서 함께 시간을 보내며 이를 기반으로 다양한 생각을 할 수 있었다.

일본과 아프리카를 왕복하다가 생긴 의문과 위화감에 귀를 기울이고, 내 신체의 안팎에서 생겨나는 미세한 변화나 움직임에 눈을 돌렸다. 그렇지만 역시 그 사고도 여러 가지 물건이나 말의 주고받음이 연쇄적으로 반복되는 '사회'라는 범위 안에 머물러 있는 것 같다.

그 사회에서는 내가 마주하고 있는 타자와 관계 맺는 법을 통해 무언가를 바꾸는 것이 가능할지도 모른다. 하지만 그런 태도가 세계라는 영역까지 움직일 수 있을까? 예컨대 주변 사람과의 관계가 어떻게 구축되어 있는가를 이해하고 마음 편한 관계로 만들어 나가는 것이 과연 세계를 바꾸는 일과 연결될 수 있을까?

사회와 세계는 어떤 방법으로 연결되어 있는가?

도대체 우리는 어떠한 '사회→세계'의 구축에 참여할 수 있을까?

이 역시 생각해야 할 문제인 듯하다.

여러 가지 차원에서 국가, 시장경제, 글로벌화, 자본주의, 권력과 같은, 현실의 자신에게는 와 닿지 않는 주제에 관해 이야기하려 한다. 굳이 인류학의 입장에서 새롭게 이야기할 필요는 없을지도 모른다. 인류학으로 독자적인 실마리를 풀어나갈 여지조차 없을지 모른다. 그러나 지금껏 걸어온 고개 저편으로 확장되는 풍경을 보고 싶다는 생각을 지울 수 없다. 빙빙 돌아 같은 길을 더듬어가다가 결국 미아가 되어버릴지도 모르지만, 어쨌든 조금씩 생각을 진전시켜보자.

언덕 위에서 바라본 커피 농장. 푸른 숲 속에 커피나무가 심어져 있다.
가운데에 인부들이 사는 마을이 보인다.

아갈로에서 콘바 마을로 향하는 승합버스
진창길인 도로에서 타이어가 미끄러지면서도 달리는 랜드로버 차량.

조사의 거점으로 방을 빌린 아갈로의 집에는 보기 힘든
외국인을 구경하러 아이들이 곧잘 모여들었다.

CHAPTER 4

국가

국가는 흔들리지 않는 개념일까?

잠비아(Zambia) 남부 시골 마을에 갔을 때의 일이다. 게스트하우스의 거실에 있던 지역 신문을 펼쳐 보다 놀라서 눈이 번쩍 뜨였다.

"The Japanese Prime Minister, Resigns(일본 총리 사임)."

큼지막한 표제로 아베 신조의 회견 사진이 크게 실려 있었다(제1차 아베 내각). 잠비아에서 일본 수상의 사임이 크게 보도된다는 사실이 놀라웠다. 멀리 떨어진 외국에 있었던 내가 총리가 바뀐다고 일본이라는 '나라'가 어떻게 될지 모른다고 걱정한 것은 아니었다. 나라가 별 탈 없이 안정적으로 지속되리라는 사실에 전혀 의문을 품지 않았다. 그렇지만 과연 국가는 그토록 흔들리지 않는 개념일까? 왜 국가를 흔들림 없는 존재라고 느끼는 것일까?

국가는 강요된 제도가 아니다

아프리카는 대통령 같은 국가원수나 정권이 교체될 때 반드시 큰 혼란을 경험했다. 에티오피아에서도 1974년에 군부에 의해 황제가 폐위되는 쿠데타가 일어났고, 1991년에는 수년에 걸쳐 격렬한 내전을 치르며 신정권이 수립되었다. 그 후 12년 넘게 한 인물이 참정대통령이나 수상으로서 정치의 실권을 쥐었다.

잠비아는 예외적으로 폭력적인 항쟁을 거치지 않고 몇 번이나 정권 교체를 이뤄냈다. 아프리카에서 민주적 선거를 통해 평화적으로 권력이 이양된 사례는 무척 드물다. 남수단처럼 새 국가 수립 후 바로 권력 쟁탈전과 분쟁으로 이어지는 나라가 있는가 하면, 소말리아처럼 국가로서의 체재를 갖추지 못한 나라도 있다. 아프리카에서 국가란 아직도 불안정하고 망가지기 쉬운 제도인 셈이다.

일본에서는 누구든 국가라는 틀이 흔들리지 않으리라 믿는다. 개인의 삶에 너무나 깊게 침투해서 국가 없는 생활을 상상하기 힘들 정도다.

어느 날 아침, 돌연 국가라는 틀이 없어진다면 어떻게 될까? 관공서와 경찰은 없어질 것이며, 이와 관련된 모든 제도(운전면허, 의사나 변호사 등의 국가 공인 자격시험, 여권 발급 등)가 의미를 잃는다. 혼인 신고서를 제출할 장소도 없기 때문에 결혼조차 할 수 없다. 요즘은 '결혼'이 '혼인 신고서를 제출하는 절차'와 동일시되고 있어서, 무척이나 개인적인 일인데도 공적인 수속이 불가결하다. 관청에 혼인 신고서를 내고 창구에서 "축하드립니다"라는 인사를 들으면 그제야 정식으로 결혼한 것 같은 마음이 든다(심지어 나는 구청 앞에서 기념사진까지 찍었다). 결혼했을 때, 이사했을 때, 아이가 태어났을 때, 모두 관공서에 서류를 제출해야 한다는 것을 강하게 내면화하고 있다. 국민이 각종 서류를 제출함으로써 비로소 국가는 국민의 실태를 파악하고 다양한 정책을 실시할 수 있다.

몇 년 전, 고령자의 소재 불명이 사회문제가 되어 활발하게 보도된 적이 있다. 이미 사망했는데도 사망 신고서를 제출하지 않고 연금 등을 지속적으로 수급하는 사건이 몇 건이나 발각되었다. 이 일은 국민 한 사람 한 사람이 가족의 생사나 이사를 자발적으로 신고하지 않으면 호적이나 연금 같은 국가 제도가 제대로 기능하지 못한다는 사실을 보여준다.

국가라는 제도가 꼭 위로부터의 권력에 의해 강요되는 것은 아니다. 다만 개인 한 사람 한 사람이 의식하든 말든 관계없이, 매일같이 다양한 행위로 국가 제도의 기능을 내면화하면서 뒷받침하고 있다.

마르크스는 《자본론》에서 "누군가가 왕으로 군림하는 것은 다른 누군가가 그의 신하로서 행동하고 있기 때문이다"라고 썼다. 모두가 '따르는' 행위를 그만둔다면, 왕도, 국가도, 그 힘을 잃는다.

아무도 혼인 신고서를 제출하지 않는다면 결혼 제도 자체가 의미를 잃을 것이다. 요즘은 거의 찾아볼 수 없게 된 2천 엔짜리 지폐처럼, 국가가 정한 제도를 사용하는 사람이 없다면 그 제도는 기능하지 못한다. 결혼이 국가의 구조를 전제로 하듯, 제도를 당연한 것으로 수용할수록 그 제도는 확고한 것이 되어 모두를 구속하기 시작한다.

이런 식으로 국가와 이어져 있다.

정치적 상황이 국가 전체를 흔드는 에티오피아

이러한 국가의 존재 양상도 에티오피아에서 보면 조금은 달라 보인다. 에티오피아에서는 2015년 5월에 총선거가 치러졌다. 그 결과, 여당이 국회의 547개 의석을 거의 대부분 획득했다. 왜 이런 결과가 나왔을까?

국제인권감시기구인 휴먼라이츠워치(Human Rights Watch)는 총선거 수개월 전에 〈저널리즘은 범죄가 아니다: 에티오피아의 보도 자유 침해〉라는 보고서를 발표했다. 이에 따르면, 2014년 1년간 정부의 압력으로 민간에서 발행한 정기간행물 중 여섯 개 잡지가 폐간으로 내몰렸다. 적어도 22명의 저널리스트, 블로거, 편집자가 형사 사건으로 기소됐다. 30명 이상의 저널리스트가 국외로 탈출했다고도 한다.

2004년 이후, 매년 10퍼센트 전후의 경제성장률을 달성하며 세계적으로도 주목받는 에티오피아이지만, 정치 상황은 매우 억압적이다. 2016년 8월, 리우데자네이루 올림픽에서는 에티오피아 국가대표 남자 마라토너가 정부에 항의하는 포즈를 취하면서 골인해서 국제적으로 화제가 되었다. 2015년 11월 이후, 치안부대가 반정부 시위대를 향해 발포하고 강경 진압을 하는 바람에 수백 명의 사망자가 발생했으며, 시위에 참가했던 젊은이는 수천에서 수만 명이 체포당했다.

에티오피아는 통치 기구의 조직 자체가 일본이나 일반적인 국가와는 많이 다르다. 에티오피아에서는 여당 당원이 아니면 공무원이나 공직자가 될 수 없다. 도지사나 군청의 농업국 국장 같은 행정 조직 간부도 모두 정부 여당 사람들이다.

에티오피아의 행정 기관의 수장으로 총리(여당 당수)가 있으며, 행정부의 말단에 이르기까지 당 조직으로 편성되어 있다. 그러므로 선거 사무 역시 여당 조직이 책임지고 관리한다. 선거 공보에서 유권자 등록, 개표 작업 모두 여당의 출선 기관이 중심적인 역할을 담당하고 있다. 중립적이고 공평한 선거라고 할 수 없는 셈이다.

선진국에서 수상이나 정권이 바뀌어도 큰 혼란이 일어나지 않는 이유는 다양한 국가 시스템을 정부 여당과는 (적어도 표면적으로는) 분리된 행정 조직이 맡고 있기 때문이기도 하다. 아프리카에서는 수상이 바뀌거나 정권 교체가 일어나면 위로부터 아래까지 국가의 관료 조직 전체가 크게 동요한다. 따라서 폭력적인 분쟁이 발생하기 쉽다.

에티오피아의 2005년 총선거에서 도시를 중심으로 야당이 많은 지지를 얻어 혼란이 일어났다. 여당이 승리한 결과를 받아들이지 않는 야당 지지자가 폭동을 일으켰던 것이다. 이를 진압하려던 치안 부대와 유혈 사태가 일어났다. 야당 지도자들은 선거 후 민중을 선동했다는 죄로 구속당해 활동이 불가능해졌다. 저널리스트에 대한 단속이 강화된 것도 그 직후다.

선거로 정권 교체가 일어나도 질서가 확보되어 있는 나라와 정치적인 긴장이 나라 전체의 혼란을 야기하는 나라. 일본과 에티오피아는 똑같이 국가라는 제도를 취하고 있지만, 차이는 매우 크다. 먼저 이런 차이나 유사성을 염두에 두면서 국가란 무엇인지 생각해보자.

이름이 곧 나일까?

에티오피아는 정치적인 통제가 강한 나라다. 자유롭고 공정한 선거가 치러진다고 할 수 없으며, 표현의 자유에 대한 압력은 날로 늘어 강력해지고 있다.

지난번 2010년 총선거가 끝나고 현 정권에 비판적인 그룹이 미국에 거점을 두고 위성방송을 통해 정치 조직 활동을 시작했다. 곧바로 열심히 방송을 시청하는 시민이 늘어났다. 수도 아디스아바바에서는 방송 개시 직후부터 파라볼라 안테나를 사려는 사람이 쇄도하여 가격이 껑충 뛰었다고도 한다. 그런데 불과 2개월 만에 돌연 시청이 불가능해졌다. 정부가 중국의 기술 협력을 얻어 수신을 방해했다는 소문이 돌았다.

텔레비전 지상파는 지금도 국영 방송뿐이다. 2016년 10월에는 정부에 대한 항의 활동이 확대되자 이를 억누르기 위해 비상사태가 선포되었다. 시위는 전면 금지됐고, 수개월 동안 휴대전화의 인터넷 접속마저 차단당했다. 이런 강권적인 지배에 비하면 일본은 아직 자유로운 국가라는 생각마저 든다.

다만 국민이 국가라는 제도를 어느 정도 내면화하고 있는가 하는 측면에서 생각해보면 반대의 모습이 드러나기 시작한다. 국가 지배가 강력한 에티오피아에서도 호적이나 주민등록이 일본처럼 정비된 제도로 있는 것이 아니다. 일본에서는 아이가 태어나면 이름을 정한 뒤 나라에 출생 신고서를 제출하는 것이 당연한 일이다. 에티오피아에서는 그러한 절차가 없다. 세금을 징수하기 위한 세대주나 사업주 등록은 진행되고 있지만, 국가는 국민 전체의 출생이나 사망 정보를 거의 파악하지 못하는 상태다.

그러니 부모는 아이들이 태어나자마자 이름을 지을 필요가 없다. 양친이나 조부모는 태어난 아기를 각자 좋아하는 이름으로 멋대로 부르기도 한다. 예를 들어 할아버지는 피부색이 검은 남부 민족이라서 '두카모'라고 부르고, 엄마는 아이가 그런 이름으로 불리는 게 싫어서 '아자이보'라 부르며, 아빠는 자기 마음에 드는 또 다른 이름으로 불러서 다 자란 뒤에도 여러 개의 이름을 동시에 사용하는 일도 드물지 않다.

게다가 지역에 따라서는 성인 내지 결혼한 남녀에게 어릴 때 썼던 이름과는 다른 이름을 붙이기도 한다. 사람에 따라 호칭이 다른 경우도 있으며, 스스로 좋아하는 이름을 사용하기도 한다. 보통은 '성인명'이 공식적인 명칭이나 존칭으로 쓰이지만, 부모나 친구 사이에서는 어릴 때부터 쓰던 '유아명'을 더 자주 부르는 식이다. 이름은 그 사람의 정체성과 동일한 관계가 아니다. 사회적인 관계나 상황에 따라 이름이 바뀌거나 동시에 여러 개가 사용되기도 한다. 상대를 어떤 이름으로 부르는가에 따라 그 사람과의 관계가 드러난다.

에티오피아의 농촌 부락에서도 몇 년 전부터 젊은 여성이 중동에 가정부로 취직하여 여권을 발급 받는 사람들이 생겨났다. 국가가 승인하는 신분증에는 물론 이름이 필요하다. 다만 호적상의 정식 이름이 없기 때문에 유연하게 대처할 수 있다. 예를 들어 기독교도이더라도 이슬람 국가로 취업하러 갈 때는 비자가 나오기 쉽게끔 무슬림식 이름으로 작성된 신분증을 일터에 제출하고 여권을 신청한다. 이런 일이 아무렇지 않게 이루어진다.

에티오피아에서 이름은 단일하고 고정된 것이 아니다. 항상 참조가 되는 '호적'이라는 근거가 없기에 개인의 정체성을 바탕으로 하는 여권 같은 국가의 제도도 확고한 위치를 잃고 어긋날 수 있다. 에티오피아에서 이름은 '나'라는 존재의 외부에 있기에 항상 조작 가능한 것이다.

한편 우리는 어릴 때부터 하나의 고정된 이름을 전제로 자랐다. 시험 답안지나 소지품, 다양한 서류 등에는 출생 후 부모가 나라에 제출한 하나의 이름을 반복해서 기입한다. 복수의 이름을 사용하는 일은 일반적으로는 생각하기 어렵다. 동시에 '이름을 기입하는 행위'는 출생하면서 정해진 '성별'을 지속적으로 표명하는 행위이기도 하다. '나'의 존재에 '이름'이 뒤따르는 것이 아니라, 국가에 등록된 '이름'이 '나'의 존재 양상을 정하고 모습을 만들어간다. 이러한 절차가 고정된 이름과 성별에 근거한 사회제도(학교 교육이나 결혼)를 가능하게 한다.

물론 이렇게 된 것은 메이지 유신 이후 근대기에 호적 제도가 정비되고 나서다. 그 전까지는 연령에 따라 이름을 바꾸거나 자신의 의지에 따라 개명하는 일이 자주 있었다. 그것이 어느새 '이름→나'가 되어버렸다. 사람마다 정해진 이름이 있으며, 하나의 이름이 그 사람의 정체성을 보증한다. 이렇게 함으로써 '나'는 항상 '나'로 살아간다. 개인의 정체성과 단일성이 국가가 정책을 수행하는 기반이 된다.

그렇다면 일본과 에티오피아 중 어느 쪽이 강력한 국가일까?

국가의 지배나 권력이라고 하면 자칫 공공연한 통제라는 강력한 이미지만 떠오른다. 하지만 국가 권력과 지배는 내면화/신체화의 정도와 깊은 관련이 있다. 그 제도가 당연할수록 국가가 개인에게 관여하는 밀도와 강도는 높아진다.

따라서 일본인이 에티오피아 사람보다 국가로부터 자유롭다고는 단정할 수 없다. 호적이나 여러 제도의 측면에서 보면 일본인은 국가의 존재가 없어서는 안 된다는 전제 아래 살아간다. 그렇게 국가와 밀착된 삶이 당연하게 여겨진다면, 자유롭게 숨을 쉬는 것이 어떤 감각이었는지조차 잊어버리고 만다. 그러므로 '틈'이 필요한 것이다.

사회의 당연함이 국가라는 형태로 지탱되고, 우리의 당연한 행위가 국가를 성립시킨다. 이런 식으로 우리의 몸이나 마음은 국가와 이어져 있다. 사회와 세계가 이어지는 방식, 이런 '이어짐'을 가시화하여 논의의 발판으로 삼아보자.

국경은 국가의 정체성을 보증한다

국가가 국민의 정체성을 담보하기 위해 호적이나 국적이 필요하다면, 국가의 정체성을 보증하는 데는 '국경'의 구획이 불가결하다. 국가와 국가의 영역을 정하는 경계인 국경을 방위하는 일이야말로 국가가 지닌 최대 사명이다. 모두 그렇게 믿는다.

처음 에티오피아를 방문했던 1999년, 에티오피아와 에리트레아(Eritrea) 사이에 국경 분쟁이 일어났다. 원래 에리트레아는 1993년까지 에티오피아에 속한 주였는데, 1991년에 신정권이 수립된 후 국민투표가 실시되어 에티오피아에서 독립했다. 에리트레아는 에티오피아 북부와 동일한 민족으로 구성되어 있다. 그렇지만 60년간 이탈리아의 식민지였다가 에티오피아에 강제적으로 병합된 역사를 거치며, 지역적으로 독자성을 띠게 되었다(에티오피아 본토가 이탈리아에 점령된 기간은 5년에 지나지 않았다).

분쟁이 시작되었을 때, 나는 국경에서는 꽤 떨어진 시골에 있었다. 이웃 나라와 전쟁을 하는 상황에도 사람들의 생활은 평온함 그 자체였다. 다만 승합 버스에 오르면 낡은 총을 손에 쥔 남자의 모습을 몇 번이나 봤다. 전선으로 나가 나라를 위해 싸우려는 지원병이었다. 아직 앳된 티가 남은 소년병과 남부 시골 마을에서 버스에 함께 탔던 적도 있다. 에티오피아에서 널리 통하는 암하라 말로 이야기를 걸어봐도 그는 이해하지 못했다. 변경의 소수민족 출신이었던 것이다.

당시 에티오피아는 30만 정도로 알려진 병력을 국경 지대로 보냈다. 현지 조사를 시작한 마을에서도 젊은이 몇 명이 군인이 되어 전장으로 떠났다. 사람들은 트럭 몇 대에 탄 그들을 환호하며 전송했다. 병사들의 대우가 좋다는 소문도 돌았다. 월급은 농민의 1년 수입에 맞먹는 액수였다. 라디오에서는 에리트레아를 침략자라고 비난하고 전선에서 싸우는 군인을 추켜세우는 방송이 이어졌다. 텔레비전에서는 사람들이 병사에게 의연금을 보내는 영상이 반복해서 흘러나왔다. 마을에서도 에리트레아에 대한 적개심과 애국적인 분위기가 높아졌다.

마을 커피 농장에서는 에리트레아 출신 직원이 추방당했다. 내가 방을 얻었던 연립주택의 이웃에 살던 가족이었다. 당시 에티오피아에는 40만 명이나 되는 에리트레아 출신자가 살고 있었는데, 그 대다수가 구속되거나 재산을 몰수당한 끝에 국외로 추방당했다. 전쟁은 이렇게 그들을 '국민'으로 만들었다. 에리트레아 사람을 '적'으로 간주함으로써 국민의 윤곽이 명확해져 사람들의 의식에 각인되었던 것이다.

분쟁에서는 전투기나 공격용 헬리콥터를 이용한 도시 공습도 이루어졌다. 양국 모두 러시아나 유럽에서 최신 무기와 신기술을 조달했다. 국경 지대에서는 많은 사람들이 집을 잃고 수십만 명의 난민이 발생했다. 2년간의 분쟁에서 사상자는 7~10만 명에 이르렀다. 마을에서 출정한 젊은이 중에서도 전장에서 목숨을 잃고 돌아오지 못한 사람이 있었다.

처음 분쟁이 일어난 이유는 사막 지대에 있는 작은 마을의 귀속 문제였다. 그곳에 묻힌 천연자원 때문이라는 소문도 돌았지만, 그런 것은 없었던 것 같다. 국가의 위신을 위해 아무것도 아닌 시골 마을을 둘러싸고 수만 명이 목숨을 잃고 수십만 명이 살 곳을 빼앗겼다. 전쟁이 시작되자 일본을 비롯한 국제 사회의 원조도 중단됐고 무역도 정체했다. 신정권 아래 경제 자유화가 진행되어 거리에는 외국 제품이 막 늘어서게 된 참이었다.

세계 최빈국으로 알려진 두 나라가 수백억 엔이나 되는 비용을 지불하고 많은 생명을 희생했지만, 지금도 최종적인 국경은 정해지지 않았다.

국가의 영역은 나의 신체의 연장이다

국경을 둘러싼 싸움에 국가는 위신을 걸고, 국민은 목숨을 건다. 어째서 '국경'은 이다지도 사람들을 뒤흔들고 극단적으로 몰아갈까? 사람이 살 수 없는 무인도나 암초라도 목숨을 걸고 지켜야 할 '국토'가 된다.

여기에는 국가와 국민 사이의 이중적인 움직임이 있다. 호적에 기재된 이름이나 국민으로서의 지위는 개인이 지닌 정체성으로 여겨져 신체의 동일성을 보증한다. 나의 신체는 국가의 체제 아래 비로소 하나의 존재로 승인된다. 국민의 신체는 국가의 제도에 의해 '몸'을 얻는다.

한편 국민 한 사람 한 사람은 나라의 영토를 자신의 '신체' 그 자체라고 상상한다. 아무리 작은 무인도, 아무것도 없는 사막의 오지도, 국경의 침해는 자신의 신체를 능욕당한 행위로 여겨진다. 국민에게는 다름 아닌 정체성(=동일성)의 위기로 다가온다.

프랑스의 인류학자 피에르 클라스트르(Pierre Clastres)는 국가는 본질적으로 많은 것이 아니라 '하나'를 지향하려는 성격이 있다고 말했다. "국가의 영역과 국민의 범위가 하나가 되고, 국가의 의

사가 국민의 의사와 하나가 된다. '하나'가 되는 것을 위한 지배와 복종이 국가에 내재하는 기구인 셈이다."

그렇기에 국가의 제도가 신체의 일부가 되고, 멀리 떨어진 국경으로 둘러싸인 장소를 자신의 신체 일부로 상상한다. '나'의 신체는 '국가'의 제도에 의해 몸을 얻고, '국가'의 영역은 '나'의 신체의 연장이 된다.

이러한 이중적인 움직임 속에서 내가 태어나고 국가가 실현된다. 나라는 존재와 국가가 떼어놓을 수 없는 것이라면, 내가 변화할 때 국가도 변화할지도 모른다. 물론 하나의 변화로 국가의 체제가 흔들리지는 않는다. 그렇지만 자신의 신체와 국가의 영역에 대해 여러 가지로 상상할 수 있다면, '나'와 '국가'가 겹쳐 있는 상태를 밀어내어 '틈'을 만들어낼 수 있을 것이다.

뒤뜰 움막에서 소가 집을 통과해
밖으로 나간다. 묵은 신문으로 도배해놓은 것이 보인다.

마을 생활

아디스아바바에서 비자 갱신 등의 업무를 보고 다시 아갈로로 돌아갔다. 혼자 커피 농장 조사를 시작하려고 농장에서 체재하기 위한 교섭을 시작했다. 결국 커피 농장에서 지낼 수는 없다고 해서 인접한 콘바 마을의 연립주택에 방을 빌렸다. 아갈로 마을에서 조사를 시작하는 날 아침부터의 일기다.

8월 22일

8시 넘어 일어나다. 창문을 열고 단파 라디오를 들었다. 9시 반에 아침을 먹으러 식당으로 가다. 스쿠(작은 상점)에서 자물쇠와 휴지를 사면서 100비르 지폐(약 16,000원)를 깼다. 우체국에 가서 일본으로 편지를 보냈다. 방으로 돌아와 프로이트를 읽기 시작했다. 도와달라고 부탁한 마을 청년 암비세가 와서 함께 시장을 보러 나섰다.

테프(인제라를 만드는 곡물)가 17킬로그램에 41비르다. 갑자기 값이 뛰었다고 한다. 돈이 부족할 것 같아서 일단 방으로 돌아왔다가 다시 시장을 한 바퀴 돌았다. 친구인 타타쿠가 왔다. 마을에서 생활하자니 여러모로 돈이 든다. 커다란 비닐 봉투에 테프를 채웠다. 먼저 암비세를 돌려보내고 타타쿠와 스쿠를 더 둘러봤다. 장보기를 마치고는 함께 점심을 먹었다.

방으로 돌아오니 피로가 몰려왔다. 막 사 온 매트 위에 누워 뒹굴었다. 오후 2시 무렵 두 친구의 도움을 받아 택시로 짐을 옮겼다. 커피 농장 차가 왔다. 달려 나가서 태워달라고 부탁했다.

타타쿠가 매트를 들고 나와 차의 짐칸에 실었다. 나도 방으로 돌아와 접이식 침대나 식기 같은 남은 짐을 옮겼다. 지나가는 사람도 짐 나르는 것을 도와주었다. 집주인 댁에 가서 인사하다. 곡식을 담은 자루를 둘러메니 타타쿠와 암비세가 재빨리 달려와서 들어주었다. 비가 내리기 시작하다. 괜히 매트를 짐칸에 실었나, 비가 들이치지 않을까 걱정됐다. 암비세와 둘이서 콘바 마을에 도착했다.

임대한 방으로 짐을 옮기고 주인아주머니와 이야기를 나눴다. 의외로 수다스러운 사람이다. 암비세가 채소 와트(쥑)와 인제라, 샤이를 맛있게 만들어주었다. 저녁 식사 후 단파 라디오로 NHK 국제 방송을 통해 〈원폭 후유증 인정에 대하여〉라는 프로그램을 들었다. 마을에서의 생활이 시작됐다.

8월 23일

밤중에 문을 두드리는 듯한 소리에 잠에서 깼다. 시계를 보니 새벽 4시. 그때부터 잠이 오지 않는다. 7시 전에 여자들이 일어났다. 암비세가 샤이를 끓여 왔나 보다. 그래도 바로 잠자리에서 일어나지 않고 조금 더 미적거렸다. 비스킷을 사 와서 아침 식사를 하고 물을 길러 가는 암비세를 따라나섰다. 집 뒤편 커피나무 숲을 지나 방목지 앞까지 혼자 걸었다.

두 줄기의 냇물이 교차하여 커다란 강을 이루고 있다. 물 길러 온 아이들과 언덕을 올라 마을로 돌아왔다. 집에 오니 마침 뒤뜰 움막에 있던 소가 방으로 들어오려 해서 밖으로 쫓았다. 소가 방에 똥을 눠도 아무도 신경 쓰지 않는다. 원래부터 소똥은 마루를 굳히는 시멘트 대용으로 쓰였고, 건조시키면 연료가 되기도 한다. 여기선 인간도 가축이나 마찬가지다.

그랬더니 이번에는 이웃집에서 소를 잡기 시작했다. 카메라를 들고 나갔다. 주인 남자가 그다지 기꺼운 표정이 아니라서 두 장밖에 찍지 못하고 조금 지켜보다 방으로 돌아왔다. 마을 생활을 시작하는 초반에는 더욱 신중히 행동하자고 마음먹었다.

휴일에는 농장 사무실은 닫혀 있고 방에 있어도 할 일이 없다. 암비세가 있어서 낮잠도 자기 힘들다. 둘러보고 오겠다고 말하고 밖으로 나가도 괜찮았지만, 막상 갈 곳도 별로 없다. 커피 농장으로 통하는 오솔길이 있어서 인부들이 사는 마을 쪽으로 농장 안을 한 바퀴 돌고 다시 돌아왔다. 볕은 뜨겁고 날은 덥다.

예전에 아갈로에서 출발했던 차에서 만났던 남자가 있어서 오로모 말로 이야기를 나누었지만 잘 통하지 않는다. 집에 가서 공부나 해야지 싶어서 방으로 돌아와 뜰에 있던 암비세를 상대로 오로모 단어를 복습했다. 중간부터는 근처 아이들을 상대로 연습하다. 이웃집 할머니가 나를 보러 몰려든 아이들을 쫓아주었다.

나무 아래서 오로모 말을 복습하며 숫자 읽는 법을 익혔다. 같은 집에 세 들어 사는 (에리트레아 출신인) 타게니가 여자아이의 머리를 묶어주고 있었다. 암비세가 다가와서 머리를 묶어달라고 했다. 방에 들어와 조금 쉬고 저녁밥을 먹으니 7시가 지났다. 밥을 먹은 후 타게니의 동생과 일본어에 대해 이야기하고 있을 때 주인집 아저씨와 아주머니도 와서 9시 넘게까지 한자에 대해 설명했다.

그 후로는 암비세와 종교와 우주에 관해 대화를 나눴다. 우주가 얼마나 넓은지 전달하지 못하고 광속에 대한 설명부터 시작했다. 알아들었는지는 확실치 않지만 열심히 질문을 던졌다. 현명한 아이다. 집중력도 뛰어나다. 할머니까지 대화에 끼어들어 손짓발짓을 섞어가며 몇 개 알지 못하는 암하라 어휘로 힘껏 설명했다. 11시가 훌쩍 넘어 잠자리에 들었다.

처음에 마을에서 빌린 방 앞에서.
근처의 아이들과.

일을 거들어준 암비세가 연립주택의 이웃에 살던 타게니에게 머리를 땋이고 있다. 에리트레아 출신인 타게니의 가족은 에리트레아와의 국경 전쟁이 일어나자 일하던 농장에서 쫓겨나 마을에서 자취를 감췄다.

CHAPTER 5

시장

시장과 나는 어떻게 연결되어 있는가?

우리와 국가라는 커다란 제도 사이에서 생겨나는 관계, 그 둘의 결합을 이해하는 것은 작은 존재인 내가 손에 잡히지 않는 세계를 움직이기 위해 관계의 그물코가 어디에 있는지를 파악하는 일이다. 내가 세계를 뒤흔들기 위해서는 둘이 어디서, 어떻게 연결되는지 알아야 한다. 그리고 나를 바꾸는 일이 세계를 바꾸는 일로 통한다는 감각을 제대로 파악할 필요가 있다. 그런 감각을 찾기 위해 이번 장에는 '시장'에 대해 이야기하려 한다. 국가보다 더욱 크게 확대되고 있는 듯 느껴지는 시장과 나는 어떻게 연결되고 있을까?

사회주의를 경험한 에티오피아

에티오피아는 1974~1991년에 '더그(Dergue)'라 불렸던 군사독재 정권에 의한 사회주의 체제 아래 있었다. 그 전까지 국가의 수장 자리에 있었던 황제는 폐위되고, 국토의 대부분을 소유했던 귀족이나 대지주의 토지는 몰수되어 소작농에게 분배됐다. 토지는 모두 국유화되었고 매매와 임대도 전면적으로 금지되었다.

1974년에 이루어진 토지개혁은 당시 아프리카에서 벌어진 가장 급진적인 혁명이라고 알려졌다. 1980년대에는 곳곳에 소비에트형 집단농장이 들어서서 농산물 유통도 국가가 일원적으로 관리하게 되었다. 사람들은 자신이나 지주의 토지를 경작하던 '농민'에서 집단농장이나 국영농장에서 일하는 '노동자'가 되었다.

마을 사람들은 언제나 복잡한 심정으로 당시를 회상한다. 사회주의와 더불어 지금껏 존재했던 지주와 소작농 사이의 압도적인 격차는 해소되었다. 많은 사람들이 집과 밭을 얻었고, 교육도 받을 수 있게 되었다. 그러나 군인이나 미망인의 토지를 마을 사람들이 총출동하여 경작하거나 마을의 공공사업에 동원되면서 사람들은 매일 가혹한 노동 봉사를 강요받았다. 게다가 마을에서는 제복을 입은 노동당 간부가 실권을 쥐고 생활방식을 비롯한 모든 것을 단속했다. 종교가 부정되면서 공공장소에서의 종교 행위도 금지되었다. 결국 사람들은 금식이나 예배를 하지 않게 되었다. 마을에서 종교가 사라졌다고 사람들은 당시를 회상한다.

한 노동당 간부가 죽었을 때, 마을에서는 장례 절차가 문제가 되었다. 사람들은 이슬람 수도사를 불렀다. "무슬림식으로 장례를 치를 수 있겠는가?"라는 질문에 수도사는 "예배도, 어떤 종교 활동도 하지 않은 자에게 이슬람식 장례를 허락할 수 없다"며 거부했다. 결국 종교적 의식은 치러질 수 없었고, 유골은 그대로 숲에 묻혔다.

지금의 우리는 사회주의적 계획경제의 생활을 상상하는 것 자체가 쉽지 않다. 하지만 현 시점에서 자유주의적 시장경제를 비스듬히 바라보면, 세계를 움직이고 있는 시장이란 무엇인지 그 윤곽이 보일지도 모른다.

왜 종교가 금지되었을까?

에티오피아가 사회주의 체제 아래 있었을 때 어째서 종교 행위까지 금지되었을까? 기도도 예식도 없이 숲에 묻혀야 했던 유골은 무엇을 의미하는가? 답은 '사회주의'가 지닌 중요한 신념과 관련되어 있다.

20세기 사회주의국가를 구동하던 것은 인간의 합리성에 대한 신뢰였다. 즉, 다양한 정책을 결정하고 실행하는 의지와 이를 통해 내려진 결정은 합리적이라는 신념이다. 인간의 욕구나 사고, 노동이나 신체, 삶과 죽음에 이르기까지 적절하고 일사불란하게 관리할 수 있다는 확신이기도 했다.

이 신념은 인간보다 초월적인 존재인 신에게 최종 심판을 맡기는 종교의 이념과는 양립할 수 없다. 그러므로 사회주의국가에서는 종교가 부정되고, 인민의 모든 의지와 결정을 담당하는 국가 기구가 팽창한다. 에티오피아에서는 농산물의 유통이나 상품 가격, 토지의 개발이나 배분 등이 모두 국가의 계획에 따라 실시된다.

중앙의 결정을 말단까지 철저하게 관철하려면 필연적으로 1당 독재 체제가 되고 만다. 중앙의 결정에 따르지 않는 인간은 숙청되며, 이론은 묵살된다. 마을에서도 당의 간부에게 모든 권한이 집중되고, 사람들의 행위나 의사 결정을 담당하는 주체가 된다.

마을 사람이 그 시대를 복잡한 심경으로 회상하는 이유는 그래서다. 소작인이나 사용자였던 사람들이 사회주의 정권 수립 이후 집이나 밭을 부여받고 대등한 입장에서 발언할 수 있게 되었다. 모든 세대주가 농민조합에 들어갔고, 토지를 소유하지 못하고 가난한 '외부인'에 지나지 않던 사람까지도 마을의 정식 일원이 되었다.

한편 누가 어느 토지를 얼마만큼 받을 수 있는지, 어떤 입장에서 무슨 일을 하는지는 권한을 가진 사람이 모두 결정했다. 결정은 반드시 합리적인 계획이나 판단에 근거하지는 않았다. 중요한 것은 결국 권한을 가진 자들과의 '관계'였다. 점차 부패가 만연하고 자의적인 권한 남용이 눈에 띄게 늘어났다. 예를 들면 농민조합의 조합장은 자신이나 친족의 토지를 불려갔다. 마을 사람이 새로운 토지를 배분받으려면 조합장이나 당 간부에게 뇌물을 건네야 했다.

의사 결정 권한이 특정한 자에게만 몰리면 사람들의 박탈감을 증대시킨다. 그리고 그로 인한 불만이 겨누는 창끝은 의사 결정을 담당하는 자들에게로 향한다. 자원의 불공평한 배분은 그것을 결정하는 측의 책임이 되며, 인민은 피해자가 된다. 불행한 상황은 모두 권력자의 탓이다. 사회주의 체제는 1당 독재를 필요로 하지만 그 바탕에는 독재의 영속을 어렵게 만드는 구조적 모순이 자리한다.

사회주의 체제가 유지되기 힘든 이유는 중앙집권적인 구조 자체에서 기인한다. "토지를 경작자에게!"라는 구호로 시작한 에티오피아 혁명도 결국 적절하게 자원을 배분하지 못해 민중의 지지를 얻는 데 실패했다. 정부는 계획대로 정책을 추진하려니 강압적인 수법을 사용할 수밖에 없었고, 사람들의 불만은 더욱 심해졌다.

1980년대 후반에 예전부터 반정부 게릴라가 활동하던 북부를 비롯해 여러 민족 집단으로 구성된 무장 세력이 봉기하여 내전이 격화되었다. 1991년, 결국 독재정권은 결집한 반정부 세력에 의해 타도되고 17년 만에 막을 내렸다.

내가 못사는 것은 내 탓이다

물론 자유주의적 시장경제에도 중앙집권적인 의사 결정 시스템은 존재한다. 시장경제가 정부/국가라는 틀을 유지하고 있는 점을 보면 알 수 있다. 다만 시장경제에서는 의사 결정의 집약이 일부분 포기되고 개인에게 위촉되기도 한다.

시장에서는 재화와 서비스의 적정한 배분이 대부분 개별적인 국민/소비자의 결정에 달려 있다. 누가, 무슨 직업을 가지고, 어느 정도 수입을 얻는가도 개인의 결정에 달렸다. 사회주의 체제처럼 정부가 국민에게 일을 나눠주지 않는다. 일자리는 개인의 의지와 책임을 바탕으로 노동시장의 경쟁을 통해 결정되어야 한다.

무엇을 좋다고 느끼고 얼마나 손에 얻을 수 있는지도 시장에서 이루어지는 개인의 선택에 달려 있다. 수입에 비해 비싼 차를 사서 대출을 갚느라 고생하더라도 그 사람이 생각이 없고 무계획적인 경제관념을 가진 탓이지, 다른 사람에겐 아무 책임이 없다. 반대로 자동차가 좋아서 다른 것을 포기하더라도 차를 사고 싶은 사람이 거액을 들여 고급 승용차를 사는 일 역시 누구도 막을 수 없으며, 막아서도 안 된다.

또한 개인은 능력에 따라 일자리를 얻고 그에 걸맞은 보수를 받는다. 보수가 짜도 자신의 노력과 능력의 결과일 뿐이다. 모두 그렇게 생각한다. 그래서인지 부모들은 자식 교육에 수입의 많은 부분을 투자한다. 물론 국가가 교육의 기회를 제공하지만, 개개인이 어떤 학력을 얻고 어떤 직업을 가지며 어디서, 어떻게 생활하는지는 책임지지 않기 때문이다.

병이나 실업 같은 위험 요소 역시 시장의 논리로 보면 보험이나 저축처럼 개인이 알아서 대처해야 한다. 잘 먹지 못해서 병이 생긴다면 건강관리를 잘하지 못한 자신의 탓이다. 개인의 건강을 유지하는 비용을 타인이 부담할 이유는 없다. 모든 것을 자신이 결정하기에 생활을 둘러싼 불만의 창끝은 자신에게 돌아올 수밖에 없다. 이것이 바로 '시장'의 논리다.

사회주의국가에서 의사 결정의 합리성에 대한 신뢰는 결정권의 집약으로 이어졌다. 그래서 그 결정에 대한 불만은 모두 권력을 가진 자에게 향했다. 일자리를 주는 것도, 작업 방식을 정하는 것도 모두 권력을 쥔 자이기 때문이다. 많은 사회주의 정권이 오래 지속되지 못했던 배경에는 이러한 구조적 모순이 있다. 자유주의 시장경제에서는 권한과 책임의 대부분을 개인에게 맡긴다. 국가는 의사 결정의 자유를 개인에게 넘기는 대신, 정부로 향하는 책임 추궁의 위험을 분산시킨다. 얼핏 보면 정반대이자 서로 양립할 수 없는 사회주의 계획경제와 자유주의 시장경제의 차이는 국가의 의사 결정을 둘러싼 권한/책임을 어디에 두는지에 의한 것이다.

의사 결정을 중앙 국가에 집약시켜 통제된 계획적인 자원 배분을 목표로 삼는가? 아니면 시장을 통해 결정권을 개인에게 내맡기고 분산하여 그 결과를 적정하게 수용하는가? 시장이라는 틀의 정체는 무엇인가? 그 배후에 보이지 않게 숨어 있는 국가와의 관계는 어떻게 생각할 수 있는가?

시장은 자유를 가져다주는 장치다

계획경제에서는 자원의 배분을 국가가 일원적으로 결정한다. 반면, 시장경제에서는 원칙적으로 배분의 최적치를 소비자의 행동이 결정한다. 이른바 사회에서 좋다고 여겨지는 가치는 다수의 결정자의 선택에 의해 형성된다.

팔리는 상품을 만드는 회사가 좋은 회사이며, 상품이 팔리지 않는 회사는 도태된다. 사람이나 기업이 모이는 도시가 좋은 지역이며, 매력이 없으면 사람이 줄어든다(이에 비해 많은 사회주의국가에서는 정부가 인구의 배치를 결정하고 자유로운 이동이 제한된다).

정치의 세계도 마찬가지다. 표를 얻는 자가 좋은 정치가로 여겨지고, 국민으로부터 지지받지 못하는 정당은 정권을 잡을 수 없다. 사회주의 계획경제가 독재적인 정치체제가 되기 쉽고 자유주의 시장경제가 정치적인 민주주의와 궁합이 맞는 이유가 여기에 있다.

시장경제/민주주의 사회에서는 '가치'의 방향성이 누구에 의해 일방적으로 강압되는 일이 없다. 세계의 중심에 서서 사회에 가치를 제시하고 개인의 생활방식에 대한 의사 결정을 담당하는 사람이나 권력은 존재하지 않는다. 가치를 만들어내고 의사를 결정하는 이는 무수한 '나'이며 '당신'이다. 시장은 이렇게 자유를 가져다주는 장치다.

나와 당신은 지금 어느 출판사의 책을 읽으며, 어떤 방송을 시청하고, 매일 무슨 웹사이트를 확인하는가? 세간의 어떤 이야기에 귀를 기울이는가? 이 순간 어떠한 일에 분노를 느끼며, 누구를 사랑하고, 무엇에 마음을 흔들리는가? 이런 행동 하나하나가 세계를 움직이고 사회의 형태를 결정한다. 다시 말해, 권한과 책임이 분산되어 있는 시장/민주주의는 한 사람 한 사람이 세계/사회를 형성하게 한다.

물론 특정한 가치를 선택하게끔 개인을 유도하는 장치도 많다. 오키나와에 거주하는 정치학자 더글러스 러미스(C. Douglas Lummis)는 다음과 같이 말한다. "감자나 당근, 콩이나 두부 같은 일상생활에 꼭 필요한 물건의 광고는 찾아보기 힘들다. 광고는 기본적으로 필요 없는 것을 사게끔 소비자를 설득하기 위한 것이다." 이런 유혹의 구조가 시장을 움직이는 힘이 된다.

게다가 시장에는 공평함과는 한참 거리가 먼, 부의 불공정한 배분도 가로놓여 있다. 수많은 재산을 가지고 태어난 사람과 아무것도 없는 사람이 시장 안에서 그 격차를 메우기는 지극히 어렵다. 가치 있고 원하는 물건을 얻기 위해 그와 교환할 만한 재산을 가지지 못한 사람은 자신의 신체를 '노동력'으로서 팔아야 한다. 아이들이나 아픈 사람처럼 노동이 불가능한 사람은 누군가에게 받지 않으면 아무것도 손에 넣을 수 없다. 이렇듯 시장의 논리는 불공평한 배분의 책임을 가혹하리만큼 개인에게 밀어붙인다.

그렇지만 유혹에 저항하며 스스로의 가치를 확인할 여지는 있다. 시장의 한구석에서 자신이 좋다고 생각하는 가치를 퍼뜨릴 자유가 있기 때문이다. 아주 미흡하지만 세계의 구축에 참여할 수단을 지니고 있는 것이다.

시장과 국가는 양면적인 존재다

이 세상의 수많은 곤란함은, 어떤 면에서는 올바르고 긍정적인 효과를 가진 수단이나 행위가 또 다른 측면에서는 옳지 않고 부정적인 가능성을 지녔다는 점에서 기인한다. 어딘가에 악의 근원이 있어서 이를 제거하더라도 모든 일이 옳게 돌아가지는 않는다. 모든 문제를 최종적으로 해결할 수 있는 만능의 힘이나 수단도 없다. 안타깝지만 세상은 그런 곳이다.

시장에서는 개인이 사회의 가치를 스스로 선택하고 만들어낼 수 있다. 그렇지만 특정한 개인에게 부가 과잉되게 배분되는 상황 역시 피할 수 없다. 일부 사람이 창출한 가치만이 평가를 받는 것도 피치 못할 상황이다. 누구나 스티브 잡스나 무라카미 하루키가 될 수는 없다는 말이다.

가난하고 불리한 조건에 있는 사람이라도 여러 가지 직업에 종사할 가능성은 있다. 다만 아무리 노력해도 가난에서 벗어날 수 없는 사회구조라도 그 책임은 원칙적으로 개인이 져야 한다. 이러한 시장의 양면성과 마주할 때 국가와의 관계가 중요해진다.

시장과 국가는 자주 대립되는 구조로 보이지만, 실제로는 그렇지 않다. 시장은 국가를 필요로 하며, 국가도 시장을 필요로 한다. 시장은 근본적인 격차를 시정할 수 없으며, 이로 인한 편중은 국가가 세금 징수나 사회보장제도를 통한 재분배로 보충하기 때문이다. 또한 시장이 한정되어 독점 상태가 되면 소비자는 자유롭게 선택할 수 없게 된다. 상품의 다양성은 사라지고 시장은 활력을 잃는다. 이렇듯 자유로운 경쟁을 가능하게 하는 것은 규칙이지, '방임'이 아니므로, 격차나 독점을 시정하고 규칙이 순조롭게 지켜지도록 감시하는 상위의 권력으로서 국가가 필요하다.

역사가 페르낭 브로델(Fernand Braudel)은 자유로운 경쟁을 바탕으로 하는 시장을 진정으로 위협하는 것은 국가라기보다는 국가의 영역을 넘어 독점을 지향하는 '자본주의'라고 지적했다. "자본주의야말로 반(反)시장이다." 국가는 자본주의를 우대하며 원조한다. 동시에 국가는 자본주의가 국가의 자유로운 행동을 방해할 우려가 있으므로 지나친 발전을 막으려 한다.

시장에 있어서도 국가는 양면적인 존재다. 국가는 시장의 자유로운 경쟁을 보호하기 위해 치안을 유지하고 규칙을 지키게 한다. 그러나 개입이 너무 강해지면 이번에는 자유로운 활동이 저해되어 계획경제에 가까워진다. 자유로운 시장인지, 계획경제 아래의 통제시장인지는 국가가 얼마나 관여하는가에 따라 결정된다.

시장과 국가는 서로를 필요로 하고, 어느 한쪽이 너무 강해지지 않도록 균형을 잡는다. 시장에는 규칙을 만들고 질서를 유지해주는 국가가 꼭 필요하다. 국가도 시장을 통해 일정한 책임과 권한을 국민에게 분산시켜 체제를 유지하려 한다. 시장과 국가는 떼려야 뗄 수 없는 관계다. 다만 서로 도를 넘을 만큼 참견해도 곤란하다.

일원적인 관리를 지향하는 국가와 분산된 의사 결정의 자유를 추구하는 시장. 현대를 살아가는 우리는 이 두 가지가 일으키는 역학의 한복판에 있다. 그러므로 시장이 자본주의가 독점하는 장이나 국가 지배를 위한 도구가 될지, 뜻있는 사람들의 가능성을 활성화하는 장이 될지 하는 문제는 국가가 시장에 대해 어떤 규칙을 만들고 소비자/유권자가 어떤 선택을 하는가에 달려 있다. 시장이나 국가를 비판하는 것만으로는 아무것도 변하지 않는다. 둘은 배후에서 이어져 있기 때문이다.

시장과 국가의 역학을 직시하고, 세계와 우리를 이어주는 가느다란 실을 끌어당긴다. 그 실을 풀어서 작은 틈을 만든다. 구축 인류학이 해나가는 작업이란 그 실이 어디에 있는지 가리키는 데 있다.

농가에서 기식하다

1995년 12월, 에티오피아로 건너간 지 반년 남짓 지났다. 마을에 대한 현지 조사는 그다지 진척되지 않았다. 마을 생활을 좀 더 알고 싶었다. 그래서 셋방을 나와 암비세의 친척인 농부의 집에서 먹고 자면서 소 방목에 관해 조사하기 시작했다. 첫 밤을 보내고 동이 튼 아침부터의 일기다.

12월 13일

잠을 푹 자지 못했다. 벼룩도 있는 것 같다. 바닥이 너무 딱딱해서 신경이 쓰일 정도다. 이른 아침부터 집 안에서 키우는 닭이 시끄럽게 홰를 치며 울어서 눈이 떠진 후 다시 잠을 못 이뤘다.

먼저 압바 올리(집주인인 60대 남성)가 일어나 밖으로 나갔다. 어쩌면 좋을지 몰라 누운 채로 상황을 살폈다. 디노(나와 동갑인 주인집 넷째 아들)가 일어나자 나도 따라 밖으로 나갔다. 조금 쌀쌀하다. 조용한 아침이다.

암비세가 와서 디노와 함께 밀 포리지(Porridge, 곡식을 물과 우유로 끓인 죽)로 아침 식사를 했다. 식욕은 나쁘지 않았다. 이웃집에서 커피를 마신 후 방목지로 내려갔다. 소가 무리 지어 있다. 냇가 쪽으로 나갔다. 이전과 마찬가지로 소떼가 있다. 물가 쪽으로 한 바퀴 돌아 커피나무 숲을 빠져나와 마을로 돌아왔다.

집에서 몇 가지 사항을 메모했다. 조용하고 사람도 찾아오지 않아서 차분히 시간을 보냈다. 전에 살던 도로 곁에 있던 연립주택은 항상 누군가가 보고 있는 듯한 느낌이 들었다. 디노와 이야기하고 이웃집 아이들과 오로모어 연습을 했다. 점심은 1시 반 무렵에 인제라로 해결했다. 식욕이 왕성해져서 꽤 많이 먹는다. 예전과는 달라진 점이다.

압바 올리도 기도를 마친 후 다가와 느긋이 식사를 했다. 주인집에서 커피를 준비해서 석 잔 정도 마셨다. 처음에는 너무 진하다 싶었던 커피도 이젠 맛있게 느껴진다.

3시가 되기 전에 슬슬 일어나서 다른 방목지로 가보았다. 옥수수 수확이 완전히 끝난 밭에는 소가 몇 마리 보인다. 목동이 있는 곳까지 가서 곁에 앉았다. 저녁 5시까지 방목한다고 들었다. 조금 이야기를 나누고 언덕을 내려와 커피나무 숲을 지나 우물가로 가다. 물을 마시러 갔던 소떼가 돌아오는 참이었다. 땀이 밴 손과 얼굴을 차가운 냇물에 씻었다. 햇볕이 너무 따가워서 양산이 필요할 정도다.

냇가 건너편에 있는 소떼를 바라보았다. 예전에 방목지에서 만났던 소년이 있다. 잠시 이야기를 듣다가 냇가로 돌아왔다. 나를 부르는 소리에 나무 그늘 쪽으로 가보니, 처음 이곳에 왔을 때 친하게 지냈던 청년이었다. 그다지 대화에 흥이 나지는 않았지만, 햇살이 약해질 때까지 그 친구 옆에 앉아 있었다.

집으로 돌아오니 이웃집 아이들이 서로 쫓아다니며 놀고 있다. 장난 대상이 나로 바뀌어 바나나 잎 덩굴로 얻어맞았다. 밖에 의자를 꺼내놓고 메모를 끼적거렸다. 아이들이 꽤나 시끄럽다. 어두워지면 글씨를 쓸 수 없으니까 최대한 지금 적어둬야 한다.

디노가 돌아올 때까지 샤이를 마시며 기다렸다. 태어난 지 얼마 안 된 디노의 아기 상태가 별로 좋지 않은 듯하다. 특히 눈이 좋지 않은데, 사시가 심한 상태라고 했다. 저녁 식사 때 압바 올리가 야구공 정도 크기의 인제라를 내 입에 넣어준다. 배가 부르기도 했고 너무 커서 한번에 다 먹을 수가 없었다. 9시 반 넘어 침낭에 기어들어가 잠이 들었다.

12월 14일

압바 올리가 일어나자 나도 따라 잠자리에서 일어났다. 압바 올리는 기침을 심하게 한다. 8시 넘어 샤이와 빵으로 아침 식사를 했다. 어쩐지 호화스러운 아침상이라고 생각했다. 9시 전부터 외출 준비를 하다. 친척 청년이 방목지에 소를 몰러 온다고 해서 기다렸다가 함께 방목지로 나섰다. 수확이 끝난 밭에서 거둬들인 옥수수나무 줄기를 소에게 먹여가며 천천히 몰고 갔다.

9시부터 집단 방목이 시작된다고 들었지만 인기척이 전혀 없다. 드문드문 모여들기 시작한 시각이 10시 무렵. 오늘 당번은 어른 남녀 한 사람씩. 방목 집단의 책임자도 왔다. 당번 두 사람이 시냇물을 건너 옥수수 밭에 있던 소를 몰고 갔다. 그들을 배웅한 뒤 돌아갈 채비를 했다. 인제라를 너무 먹었는지 배가 조금 아프다.

집에 돌아오니 아무도 없다. 쥐죽은 듯 고요하다. 에티오피아에 와서 이렇게 평온한 기분으로 보낸 곳은 처음인지도 모르겠다.

어렴풋이 벌의 날갯짓 소리가 나지막이 들려온다. 옥수수를 수확한 후 밭에는 노란색 꽃을 피우는 잡초가 자라난다. 꽃에서 나는 꿀을 찾아 벌이 몰려든다. 그렇게 만들어진 벌꿀을 인간들이 모은다. 추수가 끝난 밭의 잡초는 소의 여물이 되고, 소가 싼 똥은 다음 해에 옥수수가 잘 자라도록 훌륭한 비료가 된다. 자연은 그렇게 순환한다. 방 안에 앉아 글을 쓰면서 때때로 멍하니 생각에 잠겼다.

소 방목에 관해 조사할 때는
항상 목동들이 가르쳐주었다.

기식하던 압바 올리의 집.
왼쪽의 집에서 머물렀다. 오른쪽은 디노의 새집.

CHAPTER 6

원조

증여라는 기묘한 행위는 어떤 결말로 이어질까?

지금까지 '나'와 세계의 관계를 알기 위해 '국가'와 '시장'을 살펴보았다. 매우 광범위한 주제라서 손에 넣은 재료로는 아직 턱없다. 전혀 다른 각도에서 고찰을 이어가보자. 에티오피아는 세계적으로도 최빈국으로 여겨지는 나라 중 하나다. 2015년 GDP는 약 645억 달러로, 일본에 비하면 고작 1.5퍼센트에 불과하다. 이 나라에서 '원조'라는 말을 듣는 일은 일상다반사다. 어째서 '원조'가 국가와 시장에 관해 생각하게 만들까? 증여라는 기묘한 행위는 어떤 결말로 이어질까?

원조는 식량 부족 때문이 아니다

선진국에서 에티오피아로 제공되는 개발 원조는 연간 39억 달러에 이른다(2015년 통계). 에티오피아 국가 예산의 절반을 넘는다. 오랫동안 에티오피아를 다니다 보니, 정부나 국제연합이 내놓는 긴급 원조 요구는 연례행사처럼 느껴지기까지 한다.

2008년에는 에티오피아 남동부를 중심으로 홍수와 가뭄 피해가 있었다. 에티오피아 정부는 460만 명이 피해를 입었다고 발표했다. 그 후 유엔은 "800만 명이 긴급 원조 식량을 필요로 한다"고 발표했다. 10월에 제출된 정식 탄원서에서는 "640만 명에게 27만 톤의 식량이 필요하다"는 보고도 있었다. 그해 미국은 80만 톤의 식량을 제공했으며, 국제사회에서 보낸 긴급 원조는 10억 달러가 넘었다. 이듬해에는 에티오피아 북부와 남동부 등이 불안정한 강우 때문에 흉년이 들었다. 10월에 정부는 "620만 명이 식량 부족에 시달린다"고 발표했고 세계식량계획(WFP)은 "1천만 명이 식량 부족 상태"라고 요청서를 제출했다.

이렇게 매년 정해진 듯 식량 부족과 원조에 관한 이야기가 화제에 오른다. 비가 내리지 않으면 가뭄이 들고, 비가 내리면 홍수 피해가 속출한다.

실제 현지는 어떤 상태일까? 확인해보고 싶은 생각이 들어 2009년 11월에 에티오피아 북부의 농촌을 방문할 겸 에티오피아로 떠났다. 오랜만에 시골 버스를 몇 번이나 갈아타는 여정이었다.

확실히 비가 늦어져서 흉작이 드는 지역이 있었다. 비가 내리지 않는 것이 아니라 강수 시기가 문제였다. 한 작물을 망쳐도 그다음에 씨를 뿌린 작물이 결실을 맺는 경우도 있다. 굶주림 때문에 사람들이 픽픽 쓰러지는 일은 어디에도 없었다. 어떤 곳에서는 파랗고 고운 이삭이 핀 보리와 옥수수 밭이 넓게 펼쳐져 있었다.

식량 부족의 실상은 알려진 바와는 다르며, 원조는 필요 없다고 말하려는 것이 아니다. 실은 정확한 사정은 알 수 없다. 국제사회에 의한 원조가 있었기에 최악의 사태는 면한 상태에서 찾아갔는지도 모른다. 어쨌거나 원조에 대해 이야기하려는 이유는 이 개념에 국가나 시장을 생각해볼 만한 실마리가 담겨 있기 때문이다.

곡물이나 식용유 등의 현물을 사람들에게 나누어주는 식량 원조는 요즘 들어 전체의 60퍼센트 이상이 사하라사막 남쪽에 있는 아프리카 국가에 제공된다. 에티오피아는 세계 2위의 원조대상국으로, 아프리카 중에서도 단연 상위권에 속한다. 그리고 세계 식량 원조는 대개 미국이 담당하고 있다. 과연 초강대국이자 배포 큰 나라라고 할 법하다.

미국에는 국내 농업을 보호하기 위한 농산물 가격 유지 정책이 있다. 풍년이라 시장 가격이 신통치 않으면 정부가 사들여 가격을 유지한다. 수매량이 늘어나면 그만큼 비축 비용이 높아진다. 그렇다고 비축한 식량을 시장에 유통시키면 다시 가격이 하락한다. 이때 '식량 원조'가 등장한다. 허용량을 넘는 곡물은 배에 실어 원조를 바라는 아프리카의 여러 나라로 운반된다. 그리고 빈곤과 식량 부족으로 신음하는 지역의 주민에게 배급한다. 어떤 나라에 얼마만큼 원조할지는 미국의 외교 전략에 따라 결정된다.

시장을 지탱하기 위해 시장 밖의 거래인 원조가 이용되며, 원조를 베푸는 이유는 빈곤이나 식량 부족 같은 상황에서 찾는다. 그렇다고 해서 빈곤 때문에 식량 원조가 이루어진다고 말할 수는 없다. 이는 식량 부족과 관계없이 곡물 가격이 오르면 미국의 원조 갹출도 줄어든다는 점에서 잘 알 수 있다. 실제로 밀 가격이 급등했던 2005년 이후 미국의 원조량은 반감했다. 따라서 굶주린 사람들이 있는지 없는지는 원조와 거의 관계가 없다.

원조 물자는 선물과 상품 사이를 오간다

여기서도 국가와 시장의 기묘한 의존 관계가 드러난다. 정부에 있
어 농업 관계자는 엄청난 표밭이다. 그래서 농산물의 시장 가격을
유지하여 농업 관계자의 지지를 얻음으로써 정권의 안정을 도모
한다. 정부가 잉여 곡물을 사들일 경우, 원래는 기후나 수량에 의
해 가격이 오르락내리락하는 시장도 안정을 유지할 수 있다.

　가격만이 아니다. 시장에서는 기본적으로 구매를 원하는 사람
에게만 상품이 도달한다. 그러므로 다양한 수단을 통해 좋은 물건
이 있다고 알려야 한다. 다른 상품으로 만족하는 사람들에게 자신
의 물건을 팔기 위해서는 소비 욕구를 자극해야 한다. 그런데 식
량 원조는 시장 개척에도 사용됐다. 패전 후 일본에서 밥 대신 빵
이 널리 보급된 것은 미국의 밀가루 원조가 큰 역할을 담당했다는
사실이 좋은 예다. 국가, 시장, 원조라는 얼핏 보면 관계가 없어 보
이는 지점에 무언가가 뒤얽혀 있는 것이다.

　미국에서 보낸 식량 포대나 식용유 깡통에는 크게 인쇄된 성조
기와 함께 'FROM THE AMERICAN PEOPLE'이라는 글씨가 쓰
여 있다. 그리고 '매각이나 교환 금지'라는 글귀도 있다. 어째서 매
각/교환을 하면 안 될까? 첫 번째는 현지에서 생겨날 악영향을 최

소한으로 하기 위해서다. 대량의 원조 곡물이 지역 시장에서 유통되면 현지 곡물 가격이 폭락한다. 무상으로 받았던 곡물이 싼값에 풀리면 애써 경작해도 농사가 수지에 맞지 않게 된다.

또 다른 이유는 선진국이 행한 원조가 증여이기 때문이다. 1장에서 밸런타인데이의 예를 들어 설명했듯, 초콜릿을 받았을 때 값을 치르려 한다면 상대방에게는 무척 치욕스러운 일이 된다. 받은 초콜릿을 다른 사람에게 판다면 더 큰 굴욕이다. 선물은 선물로 받아들여져야 하며, 상품을 취급하듯 돈을 지불하거나 다른 사람에게 팔아서는 안 된다.

그러므로 모든 원조 식량 포대에는 '판매 금지'라고 쓰여 있다. 보통 선물에는 "팔아서는 안 됩니다!" 따위의 문구가 쓰여 있지 않지만, 원조국은 그 물자를 선물로 여긴다는 뜻도 된다. 안타깝게도 에티오피아 농민은 대부분 영어를 읽을 줄 모른다. 시골 사람들은 성조기가 미국 국기라는 사실조차 모른다고 한다. 그래서 에티오피아 정부가 나누어준 식량이라고 생각한다.

그리고 정기적으로 열리는 시장에는 배포된 곡물이나 식용유가 줄지어 진열되어 있어서, 어떤 시장에든 원조 곡물이 성조기가 그려진 포대 그대로 쌓여 있다. 카메라를 들이대도 주눅 드는 법 없이 빙긋 미소 짓는다. 연말연시에는 현금이 필요하기 때문에 "지금은 (원조) 식용유가 시장에 자주 풀리는 시기"라는 이야기가 들려온다.

역시 여기에 기묘한 '왜곡'이 존재한다. 곡물 가격을 유지하기 위해 선진국에서 시장 밖으로 보낸 '선물(비매품)'인 곡물이나 식용유가 원조를 받은 아프리카에서 재차 시장으로 돌아가 '상품'이 되기 때문이다.

미국 국민의 선의에 의해 기증된 식량이 현지에서는 누가, 어떤 의도에서 배포하는지 전혀 알지 못한 채 다른 취급을 받는다. 상대에 대해 그다지 생각하지 않는, 일방적으로 증여된 원조 식량은 제대로 된 선물로 기능하지 못하는 셈이다.

시장에서의 상품 거래는 비인간적인 행위이며, 그와는 전혀 다른 행위로 따뜻한 마음과 정으로 가득 찬 증여가 있다고 단순히 무 자르듯 나눌 수는 없다. 상품으로서 미국에서 생산된 곡물이 원조 물자라는 선물로 변한다. 그것이 다시금 에티오피아 시장에서 팔리는 상품이 된다. 이렇듯 시장과 비시장이 뒤쪽에서 연결되어 물자는 선물과 상품의 사이를 오간다.

인류학자 이고르 코피토프(Igor Kopytoff)는 물건은 "항상 교환할 수 있는 상품"과 "교환 불가능하고 더없이 소중한 물품"이라는 두 극단에서 요동친다고 지적했다. 설령 세상에 흔해빠진 상품이라도 세상을 떠난 가족이 아끼던 것이라면 가격을 매길 수 없는 귀중한 유품이 된다. 이러한 물건의 연속적인 움직임 속에서 가상적으로 구획을 짓는다. "이것은 사고파는 상품, 이것은 중요한 선물"이라는 식이다. 이렇게 시장의 윤곽이 드러난다.

이러한 가상의 윤곽이 세계를 만들어낸다. 세계는 처음부터 어떤 식의 형태를 가지고 생겨난 것이 아니다. 여러 가지 물건과 상황을 움직이고 다루는 방법을 바꿈으로써 형태가 드러난다고 말할 수 있다.

시장의 거래처에 증여의 세계를 창출하는 것도 가능하다. 국가의 재분배의 배후에 시장의 논리가 연결되기도 한다. 시장과 국가의 틈새에서 생겨난 식량 원조라는 기묘한 증여, 그 기묘함에서 무언가를 깨달을 수 있을까? 이것에서 어떻게 다른 세계를 구상하면 좋을까?

다양한 모습으로 탈바꿈하는 원조 물자

선진국과 에티오피아를 결합하는 식량 원조를 통해 국가나 시장은 다양하게 엇갈리는 동시에 뒤엉킨다.

미국 등 식량 생산국에는 곡물 시장을 떠받치는 농업 보호 정책이 있고, 시장의 가격은 수요와 공급이라는 시장 논리만이 아니라 국가의 개입에 의해 결정된다. 한편, 정부가 사들인 곡물은 시장 밖에서 원조 물자라고 불리는 선물로 탈바꿈한다. 식량 부족의 유무뿐만 아니라 외교 전략이나 시장 개척의 가능성에 따라 원조 대상이 정해지고, 미국 인도주의의 상징으로서 성조기가 붙어 세계 각지로 전해진다.

그러나 식량을 받는 에티오피아 사람들은 미국이 원조해준다는 사실을 알지 못한다. 에티오피아 정부는 원조 물자를 정부 여당의 공적으로 선전하며 국내 정치의 논리에 따라 구호품을 나눠준다. 야당을 지지하는 지역에는 원조 물자가 끊기는 경우도 있다는 국제 언론 보도도 있었다.

어느 날 원조 물자를 배포하는 현장을 살피러 갔는데, 촌장이 사람들로부터 돈을 받으며 종이에 무언가를 기록하고 있었다. 듣자니 마을 사람들에게 세금을 걷고 있다고 했다. 세금을 제대로 납부하는 자만이 원조 식량을 받을 수 있기 때문이다. 그러니 정부가 식량을 나누어준다고 생각하는 것도 무리는 아니다.

동시에 마을에서 누가 식량을 받을지 빈곤한 수혜자를 결정하는 마을의 의장은 원조 식량의 배분을 통해 자신의 정치력을 더한다. 농민들은 마을 의장과 싸우면 원조 대상자 명단에서도 제외된다고 수군거렸다. 미국 국내의 농업 보호나 외교 전략적인 기대도 원조 상대인 에티오피아에서는 국내의 정치적 의도로 덧칠되어 다양한 차원에서 정치적 자원으로 유용된다.

원조 식량을 받은 사람들은 경제적으로 곤란해지면 시장에 내다 판다. 일단 시장 밖으로 나온 식량이라는 선물이 다시 상품이 되어 시장으로 되돌아가는 것이다.

또한 농촌 지역에서는 대량의 원조 식량이 도착하면 배포된 곡물로 술을 빚고 친인척을 불러 종교적 의식을 치르는 일이 성행한다는 이야기도 들었다. 기아를 막기 위한 원조가 지역 사람들의 사회관계를 유지하는 의례에 쓰이는 셈이다. 원조를 베푼 자가 알지 못하는 증여가 다른 증여로 전용되어 조촐한 즐거움을 만들어낸다.

원조 곡물은 배로 바다를 건너 트럭에 실려 긴 여행을 거친 끝에 에티오피아 변경 마을 사람들의 손에 도달한다. 이 여로의 끝에 작은 사회가 출현한다. 국경을 넘어 물건이 여기저기를 돌아다니다 형성되는 그물코에 국가나 시장이 관여하면서 그 앞에 몇 개인가 소박한 사회가 구축된다. 이는 글로벌화한 현대 사회를 집약해놓은 축약도이기도 하다.

국가나 시장을 재구축하는 힘

그렇다면 이런 '축약도'에서 무엇을 알아낼 수 있을까? 먼저 정치나 경제가 단순하게 분리된 영역이 아니라는 점이다. 즉, 정치와 경제는 여러 측면에서 '유착'되어 있다.

어딘가에 있다고 막연하게 느끼는 국가나 시장에도 처음부터 명확한 윤곽은 없다. 매매라는 규칙 아래 교환하는가, 직접적으로 대면하지 않고 (그러나 다양한 의도를 실현하기 위해서) 선물로 건네주는가, 일원적인 의사 결정의 틀 안에 기반을 두는가, 아니면 분산적인 의사 결정에 맡기는가? 이렇게 물건을 이동시키고 그 이동 방식을 바꾸어 주고받는 가운데 윤곽이 형성된다.

또 하나 중요한 측면은 개인의 일상적인 행위가 국가나 시장이라는 커다란 움직임과 '연결'되어 있지만, 반드시 '연동'하지는 않는다는 점이다. 이어져 있긴 하지만 미리 의도된 방향으로만 진행되지는 않는다는 말이다. 바로 여기에 세계를 바꾸기 위한 틈새가 도사리고 있다. 미국의 외교 전략도, 에티오피아 정부의 정치적 의도도, 다양한 사람과 물건의 연결 과정을 거치며 희석된다. 국가나 시장이 바라는 기대는 결국 개인의 사소한 행위에 의해 사라진다.

사람들은 일상에서의 행위를 통해 이런저런 사람의 의도가 얽혀 원조 식량을 소비하고 교환하며, 술을 빚어 종교 의례를 열어서 사회를 만들어낸다. 우리가 살아가는 틈새로서의 사회는 이렇게 커다란 제도의 한복판에서 생겨난다.

국가의 정치적인 의도를 실현하는가, 이와는 동떨어져 자신의 선택에 의해 전혀 다른 사회관계를 만들어내는가는 우리의 행위에 달려 있다. 국가의 권력이나 시장의 착취는 위로부터 내려오는 폭력적인 지배에 의해서만 실현되지 않는다. 오히려 모든 사람들과 맺는 주체적인 행위에 의해 현실화된다.

지금까지 인류학은 서양 근대의 국민국가와 시장경제라는 거대한 힘을 비판해왔다. 그러나 '나'라는 존재로부터 분리된 힘을 비판하기만 하는 시대는 끝나가고 있다. 내가 행위를 하는 동일한 지평에서 국가나 시장이라는 세계가 생성되기 때문이다. 세계는 사회를 넘어 저 앞에 있는 것이 아니라 사회 바로 옆에 있다.

국가 권력이나 시장 원리라는 말에 혼란스러워하지만, 국가가 항상 폭력적인 (혹은 무능한) 권력자의 손아귀에 있지는 않다. 시장도 변함없고 일관된 원리에 따라서만 움직이지 않는다. 국가나 시장은 다양한 형태로 연결되어 서로 의존하면서 존재한다. 그 의존의 범위에 나도 속해 있다.

1장에서 다루었듯, 누구든 시장에 물건을 투입하여 상품화할수 있으며 시장에서 물건을 가져와 선물로 탈상품화하는 일도 가능하다. 상품 교환을 실행하는 시장에서는 누구라도 인간관계로 인한 번거로움 없이 무색투명한 익명의 존재가 될 수 있다. 하지만 시장 바로 곁에 증여의 영역을 만들어내서 애정을 가시화하고 가족과 같은 친밀한 관계를 만들 수도 있다. 실제로 그렇게 함으로써 자그마한 얼굴까지 눈에 들어오는 사회를 구축하기도 한다.

우리에게는 세계 속에 사회를 만들어내는 힘, 강고한 제도의 한복판에서 물건을 서로 나누며 자유롭게 숨을 쉬기 위한 틈새를 만들어내는 힘이 있다. 국가나 시장에 의한 구축성을 비판할 뿐만 아니라, 자신의 구축력으로 눈을 돌리는 것이 구축 인류학이 걸어야 할 길이다.

물론 국가나 시장을 무시해도 좋다는 말은 아니다. 자신의 손으로 현실화하고 있는 국가나 시장의 그물코에서 어디를 지향해야 할까? 마지막으로 생각해볼 과제다.

마을을 떠나다

1999년 1월 5일 밤.

집안사람들이 모두 디노와 결혼할 브루토칸의 친정에 놀러 간 날. 라마단이 한창이던 무렵. 마을을 떠나야 할 날이 가까워오고 있다.

　디노와 브루토칸과 함께 이야기를 나눴다. 때때로 디노와 브루토칸이 자기들끼리만 정답게 장난치고 놀아서, "자꾸 그러면 그만 돌아갈래!"라고 농담하며 담소했다.

　집으로 돌아오니 자정 무렵이었다. 밥으로 먹는 인제라를 둘러싸고 앉았다. 모두 한 접시에서 음식을 먹으며 압바 올리가 해주는 재미난 이야기로 시끌벅적 웃음꽃이 피어났다. 드디어 오로모어와 암하라어로 나누는 대화가 즐거워질 만큼은 된 것 같다. "내일은 나도 단식할 테니까요!"라고 선언했다.

1월 6일

새벽 2시가 넘어 잠이 들었다. 벌꿀 주스를 너무 많이 마셨는지 3시 반과 5시 넘어 밖에 나가 소변을 봤다. 8시 반쯤에는 조금 떨어진 별채에 있는 화장실로 가다. 아랫배도 아프다. 9시 넘어서 방목지로 나갔다. 오늘 방목을 담당하는 여성이 큰 소리를 지르며 방목지로 소를 몰고 가는 것을 배웅하고, 늘 앉던 자리에서 방목 집단의 책임자인 남자와 이야기를 나눴다.

"오늘은 천천히 이야기를 듣고 싶은데요."

"곧 모임이 있어서 나중에 했으면 하는데."

당혹스러운 듯한 모습이다. 무슨 질문을 할지 불안한 것인지도 모른다.

"내일 이 마을을 떠나야 해서 마지막으로 방목에 대해 물어보고 싶어요."

"알았어. 그러면 오후에 집으로 와."

우선 약속을 잡고 집으로 돌아왔다. 마당에 의자를 내놓고 일기를 썼다. 방목하는 소의 마릿수를 노트에 적어둔다. 일단 정리를 마치고 나카무라 하지메(中村元)의 《붓다의 말》을 다시 읽고 있으니 디노가 말을 걸었다.

"그런 곳에서 혼자서 책 읽지 마. 곧 차토 밭에 가서 울타리를 보강할 거니까 같이 가서 읽으면 돼."

책은 혼자서 읽는 거라고 생각하면서도 디노를 따라나섰다. 이 마을에서는 혼자서 무언가를 하고 있으면 꼭 뭐라고 한마디 한다. 시간과 장소를 공유하는 것을 중요하게 여긴다. '고독'은 가장 피해야 할 상황인 셈이다.

디노와 압바 올리가 일을 하고 있는 옆에서 책이 읽힐 리 없다. "나도 도울게요"라고 말했지만 무엇을 해야 할지 몰라 부자가 일하는 모습을 멀뚱히 지켜봤다. 울타리가 망가진 곳에 새 가지를 심고 옥수숫대를 양쪽에서 끼워 넣는 식으로 묶는다. 훌륭한 솜씨다.

조금밖에 남지 않은 흑백필름으로 압바 올리를 찍었다. 진지한 얼굴로 땀을 흘리며 일하는 모습이 늠름하다. 조금 도왔지만 잘되지는 않았다.

일본에서는 내 주변의 일을 처리할 때 다른 사람의 노동을 사서 끝내곤 한다. 생활의 대부분을 남에게 맡긴다. 개개인이 자기가 편한 대로 선택하며 살아가는 개인주의이기에 타인의 노동에 고도로 의존하는 삶일 수밖에 없다. 에티오피아 마을에서는 물을 긷는 일도, 장작 패기도, 커피 수확도, 집을 수선하는 일도 대부분 자기 손으로 유지하고 있구나, 모두 제대로 일하며 살아가는구나, 하고 생각하면서 아버지와 아들이 일하는 광경을 지켜보았다.

방으로 돌아와 방목에 대한 질문거리를 정리했다. 2시 반쯤 오전에 약속했던 방목 집단의 책임자 집으로 찾아갔다. 평소와는 달리 격식을 차린 느낌이라 긴장감이 감돌았다. 30분 정도 이야기하다 보니 웃으면서 분위기가 부드러워졌다. 암하라어로도 인터뷰 비슷한 것이 가능했다. 겨우 안심하여 한숨 돌리며 감사 인사를 드리고 나왔다.

집으로 돌아와 들었던 이야기를 떠올리며 노트에 정리했다. 4시 쯤에 대략 끝마치고 나니 배가 고팠다. 5시 전에 디노와 물을 길러 나갔다. 어디서 배웠는지 아이들이 "돈 좀 줘"라고 한다. 마을에서는 드문 일이다. 같이 농담하며 놀았다. 그러고 보니 마을에서는 어른이 아이들과 노는 모습을 본 적이 없다.

디노가 기도를 끝내자, 물을 담은 플라스틱 용기를 들고 집으로 돌아왔다. 압바 올리도 귀가했다. 그들 부부의 사진을 찍었다. 디노가 "깨끗한 옷으로 갈아입고 와요"라고 말했지만, 압바 올리는 "나는 평범한 농부니까 이 모습으로도 괜찮아"라고 말하며 당당히 가슴을 폈다.

슬슬 해질 무렵이 되어 죽을 조금 먹었다. 단식도 3주 가까이 되니 모두 힘들어 보인다. 벌꿀 주스를 마시고 나니 피곤이 몰려왔다. 누워 있으니 뱃속이 거북해졌다. 화장실에 가서 심하게 설사를 했다. 에티오피아에 온 이후 최악의 컨디션이다. 커피를 마실 시간에도 거의 누워서 보냈다. 벌꿀 주스는 발효되어 알코올 성분이 있는 탓인지 디노가 취한 것처럼 지분거렸다.

"이봐, 담배나 피워."

"됐어."

"괜찮으니까 피워!"

디노로서는 곧 있을 이별을 아쉬워하는 것인지도 모른다.

그러다가 디노가 급히 일어났다.

"벌통을 살피러 가자."

허둥대며 카메라를 들고 뒤딱 쫓았다. 디노는 후딱 밧줄을 손에 들고 나무에 올라 벌통을 내리기 시작했다. 안을 여니 커다란 벌집이 있었지만, 꿀은 아직 차지 않았다. 너무 이른 탓이다.

"너한테 꿀맛을 보이고 싶었는데."

디노의 말에 가슴이 먹먹해졌다.

압바 올리도 오늘 밤은 말수가 적다. 마지막 저녁 식사. "이렇게 너한테 밥을 주는 것도 오늘 밤이 마지막이다"라며 인제라 덩어리를 내 입에 넣어주었다. 밤이 이슥해졌다.

1월 7일

7시 넘어 잠에서 깼다. 아직 설사가 심하다. 마당에서 조금 떨어져 심어진 바나나 나무 아래 쭈그리고 앉으니 조금 진정된다. 아무도 오지 않고 조용하다. 방으로 돌아와 다시 뒹굴었다. 멍하니 이런 저런 생각을 하고 있으니 디노가 일어나 밖으로 나갔다.

나도 잠자리를 정리하고 일어나 밖에서 일기를 썼다. 아침을 먹으러 오라는 소리가 들린다. 보리로 만든 죽에 감자와 당근이 들어간 아침밥이 맛있어서 잔뜩 먹었다. 한숨을 돌린 후 배낭을 들고 나와 짐을 챙겼다. 그러자 다시 배가 아파온다. 바나나나무 아래로 달려간다. 먹으면 나오는 자연의 생활이다.

디노의 어머니가 자루에 넣은 커피콩을 줬다. 나도 가방 안에 넣었던 두꺼운 수건을 꺼내 어머니께 건넸다. "마스타오샤(추억이 담긴 물건)입니다"라고. 점심을 먹고 가라고 했지만 아랫배 상태도 불안정하고 식욕도 없어서 정중히 거절하고 가방을 둘러맸다. 디노와 압바 올리가 울타리 작업을 마치고 돌아왔다. 눈가에 왈칵 뜨거운 눈물이 고인다. 눈을 돌려 겨우 참았다. 모두들 잠자코 커피나무 숲 사이를 줄지어 걸었다. 디노가 사탕수수 다발을 가져와서 건네준다. 한 조각 베어 먹어본다. 이로 껍질을 벗기니 맛이 좋았다.

두 시간 정도 기다리니 드디어 차가 도착했다. 배낭을 무릎 위에 얹고 조수석에 앉았다. 창밖으로 손을 내밀어 흔들었다. 차가 달리기 시작하니 마을 사람들의 모습이 이내 멀리 사라져갔다. 싱거운 이별이었다. 충만한 시간을 보낸 마을 생활이 끝났다. 마음속에 뻐끔히 구멍이 난 듯했다. 멍하니 차창 밖 풍경을 바라본다. 너무나 많은 일이 있었다. 아직은 제대로 소화할 수 없다.

압바 올리 부부의 기념사진.
머물던 집 앞에서.

공평함

세계를 바라보는 방법이 바뀌면 살아가는 세계가 바뀐다

마을을 떠난 후 에티오피아 남부를 여행하고 수도 아디스아바바에서 귀국 준비를 했다. 그 무렵에 쓴 일기를 읽으니 매일 밤 일본과 관련된 꿈을 꾸었던 것 같다. 모두 기묘한 꿈뿐이었다. 일본으로 돌아와 한 달은 정신을 못 차리고 멍한 상태였다. 에티오피아에 익숙해진 몸은 일본에 적응하기가 힘들었다. 주변의 풍경도, 거리를 오가는 사람들의 모습도 어딘지 달라 보였다.

먼 아프리카 마을에서 보낸 시간은 무엇이었나? 이런 생각을 할 때면 마을에서 압바 올리 가족과 함께 먹고 자며 살았다는 사실이 믿어지지 않았다. 그러자 이제는 에티오피아에 있었던 일이 꿈처럼 생각되었다. 에티오피아와 일본의 사이에 뚫려 있는 커다란 '구멍'에 빠져버린 듯했다.

같은 신체로 같은 장소에 있어도 같은 세계를 살아가는 것은 아니다. 세계를 보는 방법이 바뀌면 살아가는 세계가 변한다. 지금 생각하면 그때의 '멍한 상태'는 그런 경험이었는지도 모른다. 그 후 몇 번이나 에티오피아와 일본을 왕복했다. 에티오피아에 가거나 일본에 돌아와도, 처음과 같은 충격을 느끼는 일은 없다. 두 세계가 내 속에서 잘 매듭지어진 것일까. 인류학자가 된다는 것은 세계와 또 다른 세계 사이에 생긴 구멍에서 기어 나와 개운치 않은 위화감을 언어화하여 스스로를 납득시키는 과정인지도 모른다. 그러나 그 '구멍'에는 아직 생각해야 할 것이 남아 있다. 에티오피아와 일본을 오가며 이 책을 쓴 것도, 처음 에티오피아를 찾아갔을 때의 일기를 다시 꺼내 읽어본 것도 그런 까닭이다. 인류학이라는 학문에 빠져들기 전, 에티오피아에 머물렀던 스물한두 살 무렵의 나 자신이 대화의 상대였다.

어디로 향해야 할까?

이제 슬슬 정리해보자.

더 좋은 사회/세계가 있다고 한다면 과연 어떤 장소일까? 노력이나 능력이 보상받을 뿐만 아니라, 노력이나 능력이 부족하더라도 평온한 생활을 보낼 수 있는 세상이다. 일부만이 특권적인 생활을 독점하지 않으며, 일부만이 부당한 일을 강요받는 법도 없다. 누구나 좋아하는 일, 하고 싶은 일을 할 수 있다. 그렇지만 모두가 싫은 일, 부담이 되는 일도 조금씩 나누어 갖는다. 한마디로, '공평'한 장소가 아닐까.

사회를 향한 긍정적인 마음은 북돋아 실현될 수 있도록 지원한다. 부정적인 생각조차 말할 수 있으며, 그 의견에도 귀를 기울여 고칠 수 있는 기회가 주어진다. 다양한 삶의 방식이나 가치관이 허용되며, 각자가 잘할 수 있는 역할을 맡는다. 동시에 그 차이를 연결하여 공감하고 조정하는 사회적 장치가 있는 곳이 공평한 장소다.

그러나 공평한 장소란 어쩌면 이상에 지나지 않는다. 간단히 실현된다면 삶이 이다지 힘들지는 않을 것이다. 그래도 어느 쪽으로 향해야 할지 방향성만은 생각해두고 싶다. 이 세계는 출생 지역도, 성장 배경도, 가치관도 전혀 달라 보이는 여러 사람이 같은 장소를 공유하며 살아간다. 여기에 어떻게 '공평함'을 쌓고 유지할 수 있을까?

동시대의 세계에 있으면서 다른 상황이나 제도 아래 있는 에티오피아라는 타자를 매개로 그 가능성에 대해 생각해보았다. 공평한 세계를 실현하는 것은 혁명적인 수단이 아니다. 이미 우리가 손에 쥐고 있는 것 중에 공평한 세계를 만들어내는 도구가 있다. 중요한 것은 균형을 되돌리는 일이며, 비책도, 마법도 필요 없다.

이 세계를 움직이고 있는 듯 보이는 국가나 시장이라는 시스템, 일상적으로 반복하고 있는 커뮤니케이션은 모두 나와 당신이 유형, 무형의 것을 주고받는 같은 평면 위에 존재한다. 사회/세계는 사람과 물건이 오가며 배치되는 방법에 의해 형성된다. 그것이 이 책에서 그려왔던 조감도다. 그러므로 시스템과 커뮤니케이션의 평면 위에서 일어나는 주고받음을 하나하나 풀어나가 균형을 무너트리는 요인을 발견하고, 조화를 회복할 가능성을 찾아야 한다. 또한 이러한 방법을 정성껏 계속해야 한다.

공평함을 바라는 지향은 지금 여기에 있다. 그것은 이미 마음과 신체에 깊숙이 새겨져 있는 감각이다. 동일본대지진이나 구마모토지진 뒤 많은 사람들이 무언가 하지 않으면 안 된다는 마음의 부담을 느낀 것 같다. 가혹한 상황에 내팽겨진 사람들이 있는데 자신들만 평온한 삶을 보내는 것에 대한 미안함, '떳떳치 못함'과 같은 마음이 있었던 것이 틀림없다.

의연금을 보내고 자원봉사 활동을 한다, 자신이 무엇을 할 수 있는지 생각한다, 혹은 아무 일도 없었던 것처럼 생각하려 한다, 망각한다, 모르는 척한다……. 이런 식으로 우리의 마음과 몸은 사회에 갑자기 드러난 절망적이기까지 한 불균형을 앞에 두고 공평함이라는 균형을 되돌리려 한다. 공평함을 향한 욕구는 인간이라는 사회적 존재의 깊숙한 부분에 뿌리를 내리고 있는 것이다.

무조건 정의를 내세우는 것도, 소리 높여 혁명을 부르짖는 것도 아니다. 이미 언젠가, 어디선가, 누군가가 분명히 경험해왔던 마음에 빛을 비추어 그 가능성을 연다. 지금 여기에 있는 '나/당신'의 바깥에 있는 힘에 의지할 필요는 없다. 우리 속의 공평함에 대한 욕구가 중요한 실마리다.

공평함은 균형이다

마음과 몸은 공평함이라는 균형을 희구한다. 타자와 나 사이가 크게 기울어져 있다고 깨달으면 이를 시정하려는 의식이 생긴다.

그렇다면 공평함의 균형을 되찾는 데는 어떤 수단이 있을까? 하나는 기울어짐 그 자체를 부정하거나, 덮어서 은폐하거나, 보고도 모른 척하는 것이다. 치우침이나 불공평함이 원래부터 없었던 것으로 여기면, 실제로는 그렇지 않지만 균형을 회복한 듯 느낄 수 있다. 가장 빈번히 택하는 방법이기도 하다.

불공평이 발생하는 데는 정당한 원인이 있기는 하다. 수입이나 처우에서 격차가 생기는 까닭은 능력에 차이가 있기 때문이다. 따라서 "노력한 결과이므로 격차가 생겨도 어쩔 수 없다. 세상에는 힘들게 사는 사람도 있지만 그것은 국가의 책임이다. 일본인은 일본의 문제만을 생각하면 된다"는 식으로 불공평의 인과관계를 설명하거나 대상 범위를 한정하여 자신과는 무관한 일로 생각한다.

균형을 되찾는 또 하나의 방법은 물건이나 재화를 이동시키는 것이다. 더 많이 가진 사람으로부터 가지지 못한 사람에게로 물건을 넘겨주는 양도에는 크게 시장에서의 교환, 사회적인 증여, 국가에 의한 재분배가 있다.

시장에서 이루어지는 교환은 등가물이 교환되는 듯 보이지만, 실은 그렇지 않다. 물건의 가치는 사람에 따라 다르다. 채소를 많이 갖고 있는 사람은 고기나 생선에 더 높은 가치를 매긴다. 반대로 고기나 생선이 남는 사람에게는 채소가 더 높은 가치를 가진다. 같은 액수의 돈이 있어도 사람에 따라 책을 사거나, 옷을 사거나, 영화를 보러 간다. 다른 가치의 물건이 교환되어 쌍방이 만족을 얻기도 한다. 이렇듯 시장에서 벌어지는 교환은 기본적으로는 개별적인 필요성을 만족시키는 최적치를 목표로 삼는다.

한편 증여는 이러한 최적치를 목표로 하지 않는다. 밸런타인데이의 초콜릿은 상대가 초콜릿을 가치 있게 생각하는지 아닌지 알지 못한 채 건네진다. 추석이나 설 선물도 상대가 필요로 하는 것으로만 준비하지는 않는다. 보통은 사지 않을 것 같은 물건을 선물하는 경우도 많다. 증여는 상대의 필요성이나 욕구를 만족시키는 행위가 아니라, 감사나 애정과 같은 감정을 표현하고 상대와 관계를 쌓기 위한 커뮤니케이션이다.

동일본대지진 이후 피해 지역에는 대량의 지원 물자가 도착했다. 일종의 공평함을 회복하려는 목적을 가진 행위였다고 생각한다. 하지만 피해 지역의 실정과는 맞지 않아서 물자가 창고에 대량으로 쌓인 것처럼, 시시각각 변화하는 현지의 필요에 대응하기가 어려웠던 상황도 있었다. 대피소 근처에 간이 편의점이 개설되자, 피해를 입은 지역 주민들이 기뻐하며 이것저것 샀다고 한다. 무료 지원 물품이 많이 있는데도 왜 스스로 돈을 내고 사는 상품이 필요했을까?

선물을 받는 일에는 선택의 여지가 없다. 주는 물건을 받을 수밖에 없다. 그것은 인류학자 모스가 말했듯, 일종의 의무다. 하지만 시장에서는 자신의 필요에 따라 의사를 결정하고 욕구를 충족할 수 있다. 그러므로 각자 한정된 자금 안에서 더 필요한 것을 선택한다. 돈이 유한하기 때문에 스스로 책임을 지고 무엇이 더 필요한지 우선순위를 생각할 수 있다. 또한 증여에서 발생하는 인간관계가 우리를 번거롭게 하는 일도 없다.

하지만 시장에서 이루어지는 교환은 개개인의 미세한 요구의 차이나 다양성에 대응할 수 있다. 증여는 사람과 사람을 잇는 온정이 넘치는 행위이지만 결코 만능은 아니다. 시장에서의 교환도 자금(교환재)의 편중은 해소할 수 없다. '최적치'는 편중을 무시하는 것으로 달성된다.

국가가 담당하는 재분배는 어떨까? 재분배는 세금 등의 형식으로 많은 사람들로부터 징수한 재산을 특정한 사람이나 사업에 할당하는 일이다. 비시장적인 재화의 이양이라는 의미에서는 증여에 가깝지만, 주로 국가가 정책을 실시하기 위해 이용된다.

증여와 다른 점이 있다면 돈의 출처가 익명화되고 은폐된다는 사실이다. 개인에게서 받은 의연금이나 지원 물자 같은 선물은 받는 사람이 누가 자신을 도와주는지 떠올리게 한다. 그러므로 조금은 부담스러워질 소지가 있다. 하지만 나라가 지급하는 지원금이라면 부담 없이 가벼운 마음으로 쓸 수 있다. 돈을 낸 사람의 존재가 드러나지 않기 때문이다.

공공사업의 공적자로서 정치가의 이름은 올라가도 납세자의 이름이 거론되는 경우는 없다. 국가에 있어서 재분배가 중요한 이유는 국민의 부담을 국가나 정치가의 공적으로 바꾸는 장치이기 때문이다. 재분배의 은혜를 입은 사람은 나라에는 고마워해도 세금을 납부한 시민에게 감사하지 않는다.

마찬가지로 납세자 측도 자신이 공공사업의 자금 제공자라고 의식하지 못한다. 재분배의 실패는 정부의 책임이지, 자신의 책임은 아니다. 교환이 사람 사이의 관계를 해소하고 증여가 사람과 사람을 잇는 행위라고 한다면, 재분배는 본래 있어야 할 연결이 도중에 끊어진 것이다.

이처럼 공평함을 실현하기 위한 수단에는 다양한 한계가 있다. 그렇다면 어떻게 해야 할까?

떳떳치 못함이 세계를 움직인다

공평함이라는 균형을 되찾기 위해 현실에 대한 인식을 살짝 바꾸어 비스듬히 보거나, 물자나 재산을 이동시키거나 하는 식으로 대응할 수 있다. 물자를 이동하는 방식으로는 시장에서의 교환, 사회에서 이루어지는 증여, 그리고 국가에 의한 재분배를 들 수 있다. 각각 장단점이 있으므로 만능인 방법은 없다. 결국 세 방식을 조합하면서 공평함을 목표로 삼을 수밖에 없으며, 실제로 그렇게 이루어진다.

구체적인 사례를 통해 생각해보자. 지하철에서 노인이 서 있고 젊은이가 앉아 있는 광경을 본다. 과연 지하철 안에서 공평함은 어떻게 확보할 수 있을까? 국가가 정책으로 이를 해결하려면, 우선 표를 발행할 수 있다. 고령자나 임산부, 장애가 있는 사람, 장거리를 이동하는 사람 등 앉아야 할 필요가 절실한 사람에게 좌석표를 발행하여 우선적으로 앉게 한다. 그렇지만 이런 방법을 실현하기 위해서는 우선순위를 심사하거나 위반하는 사람을 감시할 구조나 법령을 만들어야 하므로 품이 많이 들고 비용도 만만찮다. 게다가 임산부와 고령자 중 어느 쪽을 우선해야 하는지와 같은 민감한 문제는 단번에 해결하기 어렵다. 황당무계한 사례라고 생각할지 모르지만 실제 생활보호나 요양보험 같은 국가 제도는 이러한 시스템을 통해 성립한다.

시장이라면 어떨까? 시장 원리에 따르자면 자리에 앉고 싶은 사람은 비싼 표를 사는 시스템을 고안할 것이다. 사실 이러한 방법은 이미 도입되고 있다. 특급열차의 지정석처럼 누가 더 필요한지 국가 기관 등에서 결정하는 것이 아니라 얼마나 높은 요금을 내는지, 개개인의 요구에 따른 판단에 맡기는 방법이다. 앉고 싶은 사람은 비싼 요금이라도 지불할 것이며, 서서 가도 견딜 만한 사람은 싼 요금으로 입석을 선택할 것이다. 이러한 방법이라면 그다지 불만이 생기지 않고 비용도 들지 않는다. 다만 공평함을 확보하기는 힘들다. 부자라면 젊고 건강해도 높은 가격을 주고 표를 살 것이며, 몸이 불편해도 돈이 부족하면 싼 표를 사서 힘들어도 참아야 한다. 과연 이런 방식을 공평하다고 할 수 있을까?

결국 국가와 시장의 시스템에는 한계가 있다. 그러므로 상대의 상태나 장소와 상황에 따라 자발적으로 서로 자리를 양보하는 개인 간 커뮤니케이션 차원의 대처가 필요하다. 눈을 감고 모른 척하는 사람도 있을 것이고, 정직한 사람이 손해를 입을지도 모른다. 하지만 젊은이가 경로 우대석에 앉아 있고 바로 앞에 노인이 서 있으면, 적어도 주위 사람들의 마음속에는 '젊은 사람이 너무하네, 부끄럽지도 않나'라는 공감의 스위치가 켜진다. 지하철이 흔들릴 때마다 그 어르신이 비틀비틀한다면 못 본 척하고 있던 사람의 마음속에도 '떳떳치 못함'이라는 감정이 생겨날 것이다.

지하철 객실은 서로의 모습이 보이기에 공감이 생겨나기도 쉬운 공간이다. 병이나 빈곤처럼 세상에는 겉으로 드러나지 않는 불균형이 넘쳐난다. 어느 정도는 국가가 제도를 만들어 대응해야 한다. 그러나 제도가 정비될수록 이 일은 국가만이 담당할 일이라고 생각하거나, 차별과 불공평이 시정되지 않는 이유를 제도의 문제라고 여기는 등 개인이 책임을 회피하는 구실도 늘어난다. 따라서 제도에 지나치게 의존하는 것도 좋지 않다. 국가나 시장이 행하는 제도나 사업에는 반드시 누락되는 부분이 있기 때문이다.

그렇다면 어떻게 하면 좋을까? 우선 무의식에 눈을 돌려 다양한 구실을 대면서 불균형을 정당화하고 있는 상황을 자각하고, 우리 속의 '떳떳치 못함'을 늘 움직이기 쉬운 상태로 만드는 것이다. 사람들 사이에서 발생하는 격차를 보고 일어나는 떳떳치 못함이라 할 만한 자책의 감정은 공평함을 되돌리는 움직임을 활성화시킨다. 떳떳치 못함의 감정에는 일종의 윤리성이 깃들어 있다.

"이것이 옳은 일"이라든가 "이렇게 하지 않으면 안 된다!"라며 진지한 얼굴로 부르짖는 주장이나 의견을 듣곤 하지만, 솔직히 마음에 와 닿지 않는 경우가 많다. 하지만 눈앞에서 압도적인 격차나 불균형을 보면 누구나 무엇이든 하지 않으면 안 된다고 생각한다. 자연스레 균형을 회복하고 싶어지는 것이다.

지진이 일어난 후 차가운 빗속에서 기와조각을 주워 모으는 사람들의 모습을 텔레비전에서 보면서 쾌적한 방에서 아무것도 하고 있지 않은 스스로에게 떳떳치 못함을 느끼고 피해 지역에 의연금을 보냈다는 사람도 있을 것이다. 국회 앞에서 시위가 이어졌을 때, 젊은이가 정치 상황에 관해 이야기하는 것을 보면서 '나는 아무엇도 하지 않는데'라며 부끄러워하고 반성하는 사람도 있을 것이다(내가 그렇다).

이렇게 윤리성은 '떳떳치 못함'을 매개로 감염된다. 눈감고 있던 현실을 향한 인식이 흔들리고, 마음과 몸에 새겨진 공평함에 대한 희구가 다양한 장소에서 차차 움직이기 시작한다. 에티오피아에서 구걸하던 노파가 지나가는 사람에게 손을 불쑥 내밀 때처럼, 그때까지 숨겨져 있던 불균형을 눈앞에서 목격하면 마음속에서 무언가가 변한다. 그 변화가 세계를 움직여간다.

구축 인류학은 공평함을 되돌리는 계기가 된다

인류학은 여러 가지 차이를 가진 사회를 병렬적으로 비교하고, 특권적인 것이라도 당연하지만은 않다는 점을 깨달았다. 그리고 이러한 차이로부터 다르게 조합하거나 새로운 선을 그을 수 있는 가능성이 보이기 시작한다.

구축 인류학으로 가능한 것이 있다면 상품 교환(시장)/증여(사회)/재분배(국가)의 경계를 뒤흔들고 경계를 넘도록 촉구하는 일이다. 시장, 사회, 국가는 별개의 영역처럼 여겨진다. 하지만 지금까지 이야기했듯 시장과 국가도, 시장과 사회도, 사회와 국가도 뒤에서는 유착되어 있다.

그런 유착은 없다는 듯, 세상에는 강고한 경계로 나누어진 이미

지가 널리 퍼져 있거나, 경계를 밟고 넘어서는 안 된다는 분위기가 떠다닌다. 국가가 하는 일이므로 나와는 관계없다는 생각, 시장에서는 개인이 책임을 지는 것이 원칙이라는 생각이 가득하다. 경계선과 벽 안에 머무른 채 지금까지 해왔던 방식으로 그냥 지내라고 명령하는 무언의 압력이 가해진다. 그 답답한 분위기는 균형을 되찾으려는 움직임을 옥죄고 불공평을 재생산한다. 세상에서 느껴지는 '갑갑함'과 '불합리함'의 이유가 여기에 있다.

구축 인류학은 끊임없이 경계선을 새로 그으려 한다. 물건을 이동시키는 데는 몇 가지 방법이 있는데, 이를 조합하여 경계를 넘는 일이야말로 세계를 변화시킬 실마리이며, 그런 자세가 세계를 바꾸려는 희망을 가시화할 수 있다.

모스 역시 《증여론》의 마지막에 다음과 같이 썼다.

"우리는 지금까지 이론을 진전시켜왔다. 앞으로 논의를 더욱 밀고 나가는 일도 가능하다. 지금까지 사용해온 주요한 개념을 해체하여, 다시 뒤섞고 새로 색을 입히고 지금까지와는 다른 식으로 정의하는 일이 가능하기 때문이다. 지금까지 사용해온 여러 가지 어휘는 선물이건 증정이건 증여건 그 자체로서는 정확한 의미가 아니다. 다른 어휘를 발견할 수 없어 사용한 것일 뿐이다. 자유에 대응하는 의무, 관대함, 넉넉함, 사치스러움에 대응하는 검소함, 이득, 유용성 같은 여러 가지 개념을 자칫 서로 대립하는 것으로 이해하기 쉽지만, 법과 경제에 관련된 개념을 이즈음에서 새롭게 바라보는 것이 좋지 않을까?"

모스는 자신이 출발점으로 삼았던 개념조차 훌쩍 뛰어넘으려 한다. 이해했다고 생각한 지점에 머물지 않고 다시금 새로운 '차이'를 발견해간다. 이러한 자세야말로 지성이다.

시장과 국가의 한복판에서 우리 손으로 사회를 만들 수 있는 틈을 발견한다. 관계를 해소하는 시장의 상품 교환에 관계를 만들어내는 증여를 개입시킨다. 증여가 개입함으로써 감정이 넘치는 사람들의 연결을 만들어내고 인간관계가 과잉이라고 할 만큼 생겨나면, 국가나 시장의 서비스를 매개하여 관계 자체를 재정비할 수 있다. 그렇게 되면 삶의 당연함을 떠받쳐왔던 틀을 우리 손으로 뒤흔드는 일이 가능하다.

조금 더 구체적으로 말해보자. 사회의 격차를 시정하거나 공평함을 회복하는 일은 국가가 해야 할 일로 여겨진다. 그래서 "개인이나 기업은 시장에서 돈을 벌고, 국가는 세금을 거둬 재분배한다. 세상은 이렇게 돌아간다. 그러므로 나 자신과는 직접 관계가 없다"라고 생각한다. 이렇게 시장과 국가의 경계를 그으며 '당연하게' 보는 시각이 공평함을 만들어내는 '나'의 역할을 보이지 않게 감춘다.

세금을 내고 있으므로 그 뒤는 국가가 뭐라도 해야 한다고 생각한다. 정치에 관해 이야기하고 싶으면 정치가가 되라는 이야기를 듣는다. 그러한 꽉 막힌 논리가 한 사람 한 사람에게 공평함을 되찾을 책임이나 능력이 있다는 사실을 은폐한다. "나와는 관계없어"라는 무관심이 우리의 균형 감각을 마비시킨다.

한편, 시장경제란 원래 그런 것이라고 이야기한다. "자신을 위해 돈을 버는 것이 뭐가 나쁜가, 자기 책임이 원칙이다." 하지만 시장은 항상 국가나 사회에 의존하여 성립했다. 즉, 독자적인 규칙이 적용되는 성역이란 없다.

어떤 이는 '일을 하는' 것이 시장에서 벌어지는 노동력의 교환이라고 설명한다. 이렇게 '당연한 사실'의 이해가 노동이 사회를 향한 증여(회사를 향한 증여가 아니다)가 될 수 있다는 사실을 인식하지 못하게 만든다.

시장에도 어딘가 내가 활동하는 성과를 받아서 자신의 수입으로 삼아 살아가는 사람이 있을 것이다. 노동에 존재하는 주는 자와 받는 자 사이의 이어짐은 시장 교환이라는 명목 아래 단절되고 은폐되곤 하는데, 이 연결 고리를 회복함으로써 윤리성을 띤 공감이 일어나는 회로가 발생한다. 우리는 누구에게, 무엇을 주기 위해 일을 하고 있을까? 먼저 그 점을 의식하는 일에서 시작할 수 있다. '줄 곳'을 의식할 수 없는 일이라면 그만두고 일단 멈추는 편이 좋다.

내 일상의 삶과 행동이 시장이나 국가와 연결되어 세계의 격차와 불균형을 만들어낸다. 시장이나 국가라는 시스템을 나의 행위가 내부에서 떠받치고 있는 셈이다. 그 구조를 인식한다면 국가가 펼치는 정치가 정치가만의 영역이 아니라는 사실을 깨닫게 된다. 지금과는 다른 방법을 시장에 가지고 들어올 여지가 있다는 사실도 보이기 시작한다. 이렇듯 나의 경계를 뛰어넘는 행위가 시장이나 국가까지 뒤흔들어 '틈'을 만들어낸다.

시장, 사회, 국가는 표면적으로는 다른 영역이라고 공언되지만, 분단된 영역은 뒤에서는 분명 연결되어 있다. 연결을 표면으로 드러내어 영역을 뛰어넘는 일이 결코 부당하지 않다는 점, 그리고 이를 연결하는 노력이 공평함의 균형을 되돌리는 계기가 된다는 점을 제시하는 것이 구축 인류학이 할 수 있는 일이다.

당연함의 경계를 흩트리자

우리에게 가능한 일은 모두 똑같지는 않을 것이다. 각자 서 있는 장소에서 경계를 흩트리고 틈을 만드는 다양한 방법이 있다.

에티오피아와 만났던 나는 무엇을, 어떻게 비틀어 보려 했을까? 처음 에티오피아에 갔을 때 대학생이었던 나는 이제는 교단에 선 몸이 되었다. 지금은 대학에서 가르치는 일을 대가를 얻기 위한 '노동'이라고 생각하지 않으려 노력한다.

학생은 대학에서 들은 강의 내용은 금방 잊어버린다. 나 역시 대학생 때 받은 수업 내용이 거의 기억나지 않는다. 강의가 어떤 역할을 하는지, 눈에 보이는 성과가 언제 나타나는지는 교수도 학생도 미리 알 수 없다.

세월이 지나도 학생에게 남는 것이 있다면, 교단 앞에서 누군가가 무엇인가를 전하려 한 '열정'뿐이다. 선생이 보여준 열정이 학생에게 미래에 어떤 에너지로 변할지 교수가 미리 알아내는 일도 불가능하다. 무릇 학생들이란 어떤 존재든 될 수 있는 가능성을 내포하고 있기 때문이다. 수업에서 전해지는 말, 그로 인해 환기되는 '배움'은 상대의 필요를 만족시키는 '상품'이 아니다. 어떻게 주고받는지 알지 못한 채, 앞으로 어떤 식으로 이어질지 정해지지 않은 채 건네는 '선물'인 셈이다.

선물에 담긴 마음이 물건을 매개로 하여 받은 사람들에게 어떤 감정을 불러일으키듯, 수업에서 말로 전해지는 내용이란 예측할 수 없는 무엇을 듣는 사람의 마음속에 일으키기 위한 매개에 지나지 않는다.

교실에 있는 학생들의 감성이나 경험은 무척 다양해서 누구에게나 한결같이 같은 내용을 전하기란 불가능에 가깝다. 그래도 눈에 보이지 않는 무언가를 전하려는 노력, 강단에 선 내가 할 수 있는 일은 그뿐일 것이다.

증여이기 때문에 수업에 들이는 '노력'은 시간이나 돈으로 환산할 수 없으며, 손해와 이득으로 계산하는 대상도 아니다. 교육을 시장에서 교환되는 '노동'으로 여기면 "'성과'를 제대로 계량할 수 있는 한, 최저한의 노력만 들이면 된다"가 정답이 되어버린다. 그렇다면 교육은 허무한 작업이 되고 만다.

실제로는 가르치려고 애쓰는 내용이 학생들에게 전혀 와 닿지 않을지도 모르며, 때로는 의도하지 않았던 것이 전해질지도 모른다. 가르치는 사람에게는 항상 '상대에게 닿기 어려움'만이 남는다. 교육이란 닿기 힘든 것을 알면서도 여전히 선물을 보내고 또 보내는 행위라고 생각한다. 그래서 대학이라는 배움의 장을 시장의 논리에서 비껴놓으려 한다. 그것이 틈을 만들어내기 위한 소소한 저항이다.

세계를 근본부터 변화시키는 일은 불가능할 것이다. 완전히 새로운 수단을 찾아내 모든 것을 새롭게 만들어내는 일도 가능하지 않다. 혁신적인 수단을 통해 완전히 새롭게 만든다고 해서 그것이 더 좋은 방향으로 가는 길이라고 할 수 없을지도 모른다.

우리에게 가능한 일은 '당연함'의 세계를 성립시키는 경계선을 어긋나게 만들어 지금 우리가 가지고 있는 수단을 새롭게 조합해 보고, 은폐되어 보이지 않는 '이어짐'에 빛을 비추는 것이다. 그렇게 함으로써 세계를 보는 관점을 바꿀 수 있다. 이는 내가 살아가는 현실을 바꾸는 첫걸음이 될 것이다. 나의 첫걸음은 다른 누군가가 한발을 내딛게 될 또 다른 '떳떳치 못함'을 불러일으킬지도 모른다. 이런 작은 가능성에 기대를 걸고 경계 밖으로 살짝 발을 내미는 것이 내가 할 수 있는 일이다.

경계를 넘어 비집고 나오자

올해도 에티오피아에 왔다. 이곳에 있으면 여전히 다양한 감정이 솟아오른다.

숙소 바로 앞에서 아침부터 저녁까지 큰 소리로 음악을 틀어대는 카세트테이프 가게, 매년 나를 발견하면 바짝 다가와 질책하듯 말을 던지던 청년(원조를 해주던 외국인과 연락이 끊긴 후, 정신적으로 이상해졌다고 한다), 갈라진 발바닥을 보여주며 "신발 살 돈 좀 주지 않을래?"라고 말하던 농부 아저씨, 외국인을 보면 의미도 모른 채 "머니, 머니"를 외치던 아이들.

어제도 농촌 지역을 조사할 때 함께 다녔던 소년과 거리에서 만났다. 시골에는 일이 없어서 시내에서 트럭에 짐을 옮기는 일을 도우며 하루하루 푼돈을 벌고 있다고 했다. 소년이 "어제는 샤이와 빵으로 한 끼만 먹었다"고 말해서 마을에서 받았던 벌꿀과 별로 입지 않는 옷을 가방에 가득 채워 건네줬다.

에티오피아에서는 일본에 있으면 눈에 드러나지 않던 '격차'가

마구 들이닥친다. 내가 건강하다는 사실, 호텔 숙박비가 소년이 1년 걸려도 절대로 벌 수 없는 액수라는 사실, 나는 언제든 간단히 배고픔을 해결할 수 있다는 사실, 이 모든 것이 '떳떳치 못함'을 불러일으킨다.

하지만 "떳떳치 못함을 끊임없이 느끼는 것은 정상적인 정신 상태라고 할 수 없다, 어차피 가능한 일은 없다"며 스스로에게 되뇌인다. 어쨌든 상황을 정당화하면서 격차 따위는 존재하지 않는 것으로 치부하려 든다. 영화라도 보며 도피하고 싶어진다.

그런데도 떳떳치 못하다는 감정이 거듭 치고 들어온다. 에티오피아에서는 여러 가지 상황이 경계선에서 '비집고 나오기' 때문이다. 그렇기에 소년은 살아갈 수 있다. 나처럼 지나치는 외국인뿐만 아니라 '비집고 나옴'에 반응하는 사람이 항상 주위에 있어서 손을 내밀어주기 때문이다.

일본에서는 에티오피아처럼 이런 상황이 전개되지 않는다. 생활고에 시달리는 노숙자나 독거노인은 가능하면 사람들의 눈에 띄지 않는 장소로 밀려난다. 거리는 깨끗하게 미화되고 가난함의 그림자는 제거된다. 사회적 격차는 여전히 확산되고 있다고 하지만, 표면적으로 거리는 점점 더 '깨끗해진다'. '비집고 나옴'이 생겨도 곧바로 뒤덮어 깔끔히 정리된다.

노숙자도, 장애인도, 정신적으로 아픈 사람도 모습을 감춰버린

거리는 아무리 깨끗하게 정리되고 개발되더라도 계속해서 살아가기는 어려운 곳, 균형이 무너진 장소가 될 뿐이다. 격차가 강하게 밀고 들어올 기회를 잃기 때문이다. 겉으로 보이는 아름다움과 깨끗함은 그 뒷면에서 불균형을 멈추지 못하고 오히려 증식시킨다.

격차가 눈앞에 보이면 무언가 하지 않으면 안 된다는 마음을 억누르기 힘들어진다. 여기서 비롯된 행위는 떳떳치 못함을 묻어 없애는 행위다. 결과적으로 공평함으로 이어질지는 알지 못한 채, 자신도 모르게 하는 행동이다.

다시 말해 증여는 결과나 효과를 위해 행하는 것이 아니다. 그럴 수밖에 없는 상황에서, 자기가 그러고 싶어서 타자에게 던지는 행위다. 소년이 내가 준 꿀이나 헌옷을 진짜로 좋아할지는 알 수 없다. 굳이 효과가 있었다면, 모스가 말했듯 주고받음 속에서 이어짐이 생겨났다는 것뿐이다.

소년으로 인해 환기된 나의 공감, 그리고 나의 행위로 인해 소년이 느낀 공감은 우리 두 사람을 붙들어 맨다. 이것이 공평함을 향한 첫걸음이 된다. 이어짐이 결여되면 공평함을 뒤덮어 보이지 않게 만들기 때문이다. 이제 드러난 이어짐은 다음 행위를 유발하고, 나와는 끊어진 듯 보이는 세계에 작은 공감의 고리를 만든다. 그 고리가 이 세계에 만들어내는 틈으로서의 사회다.

시장이나 국가라는 제도에 의해 이어짐이 단절되어 뒤덮이고 가려졌을 때 선을 긋는 방법을 살짝 틀어버림으로써 재발견하는 일, 그로부터 자율적인 사회를 만들어내는 일이 지금껏 이 책에서 더듬어 찾아왔던 결론인지도 모른다. 각 영역을 단절하여 그어놓은 기존의 선을 흩트려 경계를 넘는 행위는 이미 다양한 장소에서 많은 사람들에 의해 진행되고 있다.

개인이 스스로 가능한 범위 안에서 국가의 책임으로 여겨졌던 재분배를 떠맡는다. 이윤이나 대가라는 시장 논리가 아니라 타자에 대한 증여라는 의미로 자신의 직업을 다시 인식한다. 가족의 역할과 범위를 넓힌다. 소비라는 행위를 확장하여 시장의 벽을 넘어 생산자와 소비자의 이어짐을 만들어낸다. 물건을 사고파는 장소와 상황 속에 사람들이 교류하는 기회를 만들어간다.

이렇듯 어떠한 장소와 상황에서 어떠한 선을 어긋나게 만들지는 사람에 따라 다를 것이다. 나에게 가능한 일은 언어로 풀어내는 것 정도다. 교단에 서서 마이크를 잡을 때, 노트북을 펼쳐 글자를 입력할 때, 나는 얼마나 경계를 넘는 말을 만들어낼 수 있을까? 학계나 대학과 같은 기존의 틀에서 나의 언어는 얼마나 경계를 넘어 비집고 나올 수 있을까? 이러한 질문을 매일같이 스스로에게 던지고 있다.

몇 번이나 말했듯 증여의 세계가 곧 유토피아는 아니다. 증여가 어떤 결과를 초래할까? 공평함을 낳을까, 아니면 그다지 도움이

되지는 않을까? 어쩌면 오히려 해를 입힐지도 모르며, 이 역시 종종 생기는 일이다. 증여가 초래할 결과를 미리 알 수 없다. 지진 피해 지역에 보내는 구호물자처럼 그것만으로는 적절한 분배를 달성했다고 할 수 없다. 또한 증여는 항상 과잉되기 마련이다. 자칫하면 지배와 종속 관계도 생겨난다. 그러므로 시장도, 국가도 필요하다. 하지만 시장이나 국가에만 기대면 사람과 사람이 단절되고 불균형이 이 세상을 뒤덮는다.

증여의 기점이 되는 떳떳치 못함에도 함정이 있다. 니체는《도덕의 계보》에서 '빚'이나 '뒤가 켕기게 만드는 양심'이라는 '부채감의 도덕'이 결국 국가라는 정복자의 폭력에 의해 발명되어 공포에 의한 지배와 정복을 뒷받침하고 있다고 지적했다. 떳떳치 못함이 자기 자신에 대한 '자책'이 아니라 특정한 누군가에게 갚아야 할 '빚'처럼 느껴진다면, 자유를 속박하고 도리어 불균형을 고정시킬 것이다.

인류학자의 연구에 따르면, 수렵채집을 했던 원시인들은 사냥으로 잡은 고기를 모두에게 나누어주었다고 한다. 사냥감을 잡는데 기여한 사냥꾼은 늘 겸손한 태도를 취한다. 공로가 있다고 뻐기거나 의기양양해하지 않는다. 고기를 받은 쪽은 감사 인사를 건네지 않고 당연하다는 듯 고기를 나눠 받는다. 큰 동물을 사냥한 사람은 잠시 사냥을 쉬면서 다음에는 받기만 하는 차례로 돌아간다. 남의 무기를 빌려 사냥하면 도구 주인에게도 고기를 건넨다. 이렇게 수렵채집 시대의 사람은 누구든 일방적으로 주거나 받는 입장이 되지 않도록 신중하게 배려했다. 빚의 축적이 격차를 만든다는 사실을 잘 알고 있기 때문이다.

에티오피아의 걸인은 가지지 못한 사람이 받는 것은 당연하며, 그 대신 신이 당신에게 보답으로 축복을 내려줄 것이라는 태도를 취한다. 즉, 균형을 맞추기 위한 커뮤니케이션의 기법이다. 가진 사람, 혜택 받고 있는 사람이 느끼는 떳떳치 못함을 받는 측이 빚으로 바꾸어버리지 않도록 하는 궁리다.

물론 증여가 가져다주는 이어짐은 확실히 번거로운 측면이 있다. 근대 사회는 귀찮음을 피하려고 시장이나 국가가 그어놓은 선을 따라 개인의 행위를 할당하며 사회 속에 울타리를 만들었다. "이것은 시장의 이야기, 저것은 국가의 일(혹은 딴 나라의 이야기), 당신의 사적인 영역은 여기까지"라는 식이다. 사람과 '이어지는' 것은 삶의 일부로 받아들인다는 의미를 갖고 있다. 때로는 시장/교환의 힘을 사용하여 관계를 단절할 필요도 있다. 그 균형을 맞추기 위해서도 공감의 회로를 제대로 열고 닫는 편이 좋다.

지금은 이제까지 쌓아온 경계선을 시행착오를 겪으며 새로 그어가는 시대라고 생각한다. 시장이나 국가를 부정할 필요는 없으며, 과도한 비판은 오히려 시장이나 국가를 손쓸 수도 없는 '괴물'

로 키우기도 한다. 우리가 제어할 수 있는 그물을 손에 쥐고 있다는 점을 항상 의식하면서, 각자가 경계를 뛰어넘는 행위를 통해 새로운 의미를 부여하고 또 다른 가능성을 열어갈 필요가 있다. 이 점이 가장 중요하다고 생각한다.

이 책은 미시마출판사의 웹진에 2009년 7월부터 2013년 3월까지 연재했던 '구축 인류학 입문'을 대폭 가필하고 수정한 결과물이다. 미시마출판사의 미시마 구니히로(三島邦弘) 씨는 때로 어려운 '숙제'를 내줬다. 그에 답하며 점차 시야가 열리는 것을 느낄 수 있었다. 존경하는 인류학자 마쓰시마 겐(松嶋建) 씨는 초고를 살펴주셨다. 또 마쓰시마 씨와 논의를 주고받으며 다음 단계에서 생각해야 할 문제를 명확히 알게 되었다.

가능하다면 인류학과는 관계없는 독자에게 나만의 언어로 설명하고 싶다는 생각으로 이 책을 썼다. 바라건대 내가 풀어낸 말이 학문의 울타리를 넘어 경계를 넘는 선물이 되기를 바라며, 오랫동안 출판사를 기다리게 하고 가족에게도 부담을 주면서 많은 과제를 남긴 채 끝내게 되어 떳떳치 못함을 느끼며.

2017년 7월

마쓰무라 게이치로

옮긴이의 글

—

인류학으로 더 나은 사회를 이야기할 수 있을까?

대학 시절에 수강했던 인류학개론의 수업 내용은 거의 기억나지 않는다. "세월이 지나도 학생에게 남는 것이 있다면, 교단 앞에서 누군가가 무엇인가를 전하려 한 '열정'뿐"이라는 저자 마쓰무라 게이치로의 언급처럼, 인류학이 어떤 학문인지 전하려고 애쓰던 젊은 강사의 모습만이 어렴풋이 떠오른다. 오지나 원시의 문화를 미개라고 재단하지 않고, 새롭게 세계를 해석하며 가능성을 발견하려는 작업. 이는 중심이 아닌 주변의 목소리에 귀를 기울이는 태도와도 이어지기에 인류학이란 '정치적으로 올바르며' 우리 삶에 소용이 닿는 학문이라고 막연하게나마 생각하게 된 것 같다. 하지만 '정치적 올바름'은 관성화되기도 쉽기에, 인류학이 지향하는 문화상대주의의 관점 역시 마땅히 지켜야 할 의무나 관념이 되어버리면 현실에서 힘을 발휘할 자리는 좁아지게 마련이다.

평소 인류학에 대한 생각이 이러했다면 이 책은 그다음 단계를 제안한다. 그렇다고 부조리한 세계를 비판하고 사회의 불공평함을 시정하기 위한 명확한 지침을 내려주거나 거창한 결의를 요구하는 것은 아니다. 지금 우리가 할 수 있는 만큼의 인류학적 실천을 위해 저자가 꺼낸 키워드는 '떳떳치 못함'과 '구축 인류학'이다. 얼핏 보기에 한쪽은 학문적으로 해명하기 까다로운 '마음'의 문제로, 다른 한쪽은 새로운 학문적 방법론으로 여겨진다. 이 두 개념은 어떤 식으로 연결될까? 이에 답하기에 앞서 저자가 지금까지 가져왔던 관심사와 연구 주제를 잠깐 살펴볼 필요가 있다.

마쓰무라 게이치로는 에티오피아의 농촌이나 중동 도시를 현장으로 삼아 부의 소유와 분배, 빈곤과 개발, 원조에 관해 연구를 펼치는 신진 인류학자다. 30대 초반이던 2008년에 출간한 첫 저서 《소유와 분배의 인류학》은 지역학 관련 우수 도서에 수여하는 개발도상국연구장려상과 민족학·인류학 분야의 양서와 논문을 대상으로 하는 시부사와상을 동시에 수상하며 화제에 올랐다. 현대 사회의 근간을 이루며 우리에게 너무나 당연시되는 사적 소유라는 장치가 어떻게 생성·유지되고 있는지를 밝혔던 첫 책은 "사유재산권을 방패로 삼아 모든 것을 개인의 책임으로 돌려버리는 주류 경제학자를 향한 인류학자의 통렬한 비판"(경제학자 다카하시 노부아키(高橋伸彰))이라는 호평을 받았다. 세계의 10%에 해당하는 사람들이 전 세계의 80%가 넘는 부를 독점하고 있는 상황이 과연 정당한지 묻는 인류학의 문제 제기라고도 할 수 있겠다.

이 책은 그 후속편에 해당한다. 다만 박사학위 논문을 정리한 첫 저작과는 달리, 인류학과는 무관하다고 생각하는 독자를 향해 학술 용어나 개념을 최대한 배제하면서 솔직하고 편안한 문체로 묵직한 이야기를 건넨다. 또한 자신의 연구 주제인 경제적 측면(소유와 분배, 격차와 빈곤)에 대한 관심을 유지하면서도, 일상에서 맺는 관계와 감정의 문제까지 논의를 확장함으로써 사회와 국가, 시장이라는 거대한 시스템과 '수많은 우리'를 엮으려 한다.

흔히 이러한 주제는 체제에 관한 이론적 분석으로 추상화되기 쉽지만, 마쓰무라의 전략은 그 무대를 멀리 에티오피아의 농촌 마을에 마련하는 것에 있다. 멀다고 함은 단순히 물리적 거리만이 아니다. 아프리카에서도 최빈국으로 알려진 에티오피아와 최상의 사회 시스템을 갖춘 제1세계 일본의 삶이 지닌 거리감과 낙차를 몸에 새기며 이야기가 전개되기 때문이다. 이를 위해 저자가 펼쳐든 것이 (아마 인류학자가 되기로 결심한 계기가 되었을) 대학생 때 경험한 첫 현지 조사의 일기다. 각 장에 배치된 '에티오피아 일기'에는 예비 인류학자가 느꼈던 당시의 충격과 혼동, 감동이 생생하게 드러나 있다.

저자는 경제, 감정, 관계, 국가, 시장, 원조 등의 개념을 고개 넘듯 거쳐 책을 마무리하며 이렇게 질문한다. 더 나은 사회, 즉 공평함이 실현되고 균형을 회복한 사회는 어떻게 이루어질 수 있을까? 수많은 사회운동가나 사상가들이 바라고 기획했지만 결국엔 거듭 실패한 문제다. 섣불리 자신하지는 않지만, 저자가 내놓은 답은 어찌 보면 단순하다. 우리의 관계 자체를 교환 방식이 아닌 별개의 지점으로 바꾸는 일, 경계를 넘게끔 하는 것이다. 격차와 불평등 앞에 '떳떳치 못하다'는 감정은 위와 같은 경계 넘기를 가능케 하는 힘이 된다.

에티오피아에 있을 때 될 수 있으면 잔돈을 남겨둔다는 저자의 말처럼, '떳떳치 못함'의 감정이 가장 손쉽게 발현되는 것은 적선과 같은 단순한 행위일 수 있다. 흔히 적선은 빈곤의 올바른 해결책이 될 수 없으며 구조적이고 제도적인 개선이 중요하다고 말한다. 그러나 마쓰무라가 이야기하는 '떳떳치 못함'의 감정이 지닌 효과는 결과의 문제가 아니다. 그보다는 시장경제와 교환 방식에 의해 삭제된 연결 고리(이어짐)를 회복하려 한다. 즉, '떳떳치 못함'의 배후에는 내가 가지고 누리는 것이 어차피 모르는 누군가에게 받은 '선물'에 지나지 않는다는 의식이 자리한다는 말이다. 되갚을 길이 없는 누군가에게 받은 물건이나 마음, 행위를 또 다른 누군가에게 전하는 일, 바로 이 지점에서 인류학의 고전인 마르셀 모스의《증여론》이 주장하는 '선물' 개념이 다시금 강조된다.

주의해야 할 점은 '떳떳치 못함'이 타인을 향한 단순한 선의나 연민으로, 혹은 자신을 향한 의무와 부채감으로 여겨진다면 상황은 더 악화될 수 있다는 사실이다. 수전 손택(Susan Sontag)이 참혹한 전쟁과 악랄한 정치에 처한 이들을 어떻게 바라볼 것인지에 대해 "특권을 누리는 우리와 고통을 받는 그들이 똑같은 지도상에 존재하고 있으며 우리의 특권이 그들의 고통과 연결되어 있을지도 모른다는 사실을 숙고해보는 것"《타인의 고통》이라는 과제를 던졌듯, 이것의 경제 버전이라고도 말할 수 있지 않을까.

의무와 빚으로 다가오는 '떳떳치 못함'의 위험성은 책의 후반부에서 언급된다. 자칫하면 이런 감정은 니체가 인간의 자유와 본능을 억압하는 원천으로 제시했던 '뒤가 켕기는 양심'이나 '부채감'으로 오해될 수 있기 때문이다. 마쓰무라는 한 논문에서 인류학자 데이비드 그레이버(David Graeber)가 니체를 비판하면서 언급한 그린란드(Greenland) 이누이트족(Innuit)의 이야기를 재인용한다(마쓰무라 게이치로, '분배와 부채의 모럴리티-아프리카의 이름 없는 사상이 지닌 현대성', 〈사상〉, 1120호, 2017년, 이와나미쇼텐).

(고기를 공짜로 받아 감사를 표하자) 사냥꾼이 말했다. "여기 사는 우리 모두는 인간이오!"라고. "그리고 우리는 인간이기 때문에 서로 도와야 합니다. 우리는 그런 일로 감사하다는 말을 듣는 게 내키지

않아요. 오늘 내가 얻은 것은 내일 당신이 얻을 수 있어요. 우리 속 담에 선물이 노예를 만들고 채찍이 개를 만든다는 말이 있어요."

마지막으로 구축 인류학이라는 방법론에 대해 짧게 덧붙이고 싶다. 이 책은 미시마출판사의 웹진에 연재했던 '구축 인류학 입문'에 기초하고 있다. 저자 마쓰무라 게이치로가 만들어낸 구축 인류학은 아직 일반화된 용어는 아니지만, 새로운 개념이라고 할 수 없을지도 모른다. 이는 우리를 둘러싼 현상이 사회적으로 구축된 것이라면, 그렇게 구축되어 우리의 삶을 옥죄는 사태를 비판하는 데 그치지 않고 우리의 힘으로 '다시 구축'하여 더 나은 사회를 만들 수 있다는 태도다. 구축하는 힘은 당연함에 대한 거부에서 싹튼다. 저자의 주장이 에티오피아의 아갈로 마을처럼 소규모 사회에만 적용될 수 있는 순진한 발상이라고 비판한다면, 이는 국가와 시장, 자본주의와 같은 체제가 필연적이라고 전제하고 마는 의식에서 비롯된 것이다. 결국 구축 인류학의 실천은 한 사람 한 사람이 '떳떳치 못함'을 민감히 느끼고, 이 사회의 당사자라는 자세를 회복하는 일이 아닐까.

최재혁